Helmut Geiselhart

Wie Unternehmen sich selbst erneuern

Konzepte für die Umsetzung

GABLER

Die Deutsche Bibliothek – CIP-Einheitsaufnahme

Geiselhart, Helmut:
Wie Unternehmen sich selbst erneuern :
Konzepte für die Umsetzung / Helmut Geiselhart. –
Wiesbaden : Gabler, 1995
ISBN 3-409-18744-8

Der Gabler Verlag ist ein Unternehmen der Bertelsmann Fachinformation.

Lektorat: Ulrike M. Vetter

Umschlaggestaltung: Schrimpf und Partner, Wiesbaden
Satz: FROMM Verlagsservice GmbH, Idstein
Druck und Bindung: Wilhelm & Adam, Heusenstamm
Printed in Germany

ISBN 3-409-18744-8

„Die Welt ist nur nach vorne interessant."

Pierre Teilhard de Chardin

Vorwort

Warum denn noch ein Buch über ein Thema, das zur Zeit die Hitliste der Managementliteratur anführt? Es soll inzwischen sogar Veranstaltungen geben, die aufzeigen wollen, warum „Lernunternehmen“ nicht gelingen kann.

Von der Theorie des „lernenden Unternehmens“ geht eine ungewöhnliche Faszination aus, und dies weltweit. Die darin liegende Chance zur Veränderung darf nicht dadurch versäumt werden, daß eine fehlende begriffliche Klarheit und Unterscheidung die Umsetzung in die Praxis verwässert.

Das „sich selbsterneuernde oder lernende Unternehmen“ bedeutet nicht Personalentwicklung und Mitarbeiterförderung. Es meint nicht den Abbau von Hierarchiestufen oder Maßnahmen, um Kosten zu sparen. Es läßt sich auch nicht dergestalt definieren, wie es der Vorstand eines großen Unternehmens kürzlich versucht hat, daß nämlich die Mitarbeiter aller Ebenen sich verpflichten zu lernen. Diese allgemeinen Definitionen und vagen Formulierungen führen eher dazu, die Praxis unverändert und die Bemühungen als folgenlos zu lassen und störende Verhaltensmuster zu verhärten.

Mit diesem Buch möchte ich einige Begriffe klären und Unterscheidungen vornehmen, um dazu beizutragen, die Chancen zu nutzen, die ich in der Idee des lernenden Unternehmens sehe; außerdem das Umfeld verdeutlichen, nämlich die Weltgesellschaft als Wissensgesellschaft, um die existentielle Bedeutung der Idee des „lernenden Unternehmens“ aufzuzeigen; schließlich auf den Zusammenhang hinweisen zwischen lernenden Unternehmen und einem Prozeß, der weit über unser individuelles Dasein hinausweist, aber gleichzeitig unsere Verantwortung betont, um damit den tieferen Sinn unseres Denkens und Handelns bewußt zu machen.

Ich bedanke mich bei Dr. Wilfried Stoll, der mich auf die Idee des lernenden Unternehmens gebracht hat. Die Gespräche mit ihm haben es mir erlaubt, diese Idee immer klarer zu denken, zu formulieren und sie der Praxis eines Unternehmens anzunähern. Dankbar bin ich auch Diplomkauffrau Isabel Mittag für die zeitraubende Erstellung des Textes und ihre Beratung beim methodischen Teil des Buches.

Herzlichen Dank schulde ich meiner Familie, ganz besonders meiner Frau, die, solange ich mit diesem Text beschäftigt war, mich von anderen Aufgaben entlastet und von manchen Pflichten befreit hat. Bedanken möchte ich mich auch bei den Gesprächspartnern, denen ich im Rahmen meiner Tätigkeit begegne und von deren Wissen und Erfahrung ich über all die Jahre viel gelernt habe.

Paris, im Februar 1995 HELMUT GEISELHART

Inhalt

Einführung und Zusammenfassung

Immer häufiger ist die Rede von der lernenden Organisation. „Organisation" definiert die Beziehungen zwischen ihren Mitgliedern. „Lernende Organisation" kann das Mißverständnis fördern, die Organisation als solche sei lernfähig. Manchmal wird dies auch durch den Satz nahegelegt, daß das Ganze mehr sei als die Summe der Teile. Die Organisation, das Unternehmen oder das Ganze bilden aber kein höheres Wesen, das über den Menschen, die es bilden, hinausreicht. Lernen kommt nur durch die Menschen in einem Unternehmen zustande. Lernfähigkeit befindet sich nur bei den Menschen und nicht über ihnen.

Lernunternehmen sei ein Zusammenspiel von Mensch, Organisation und Technik. Dies erinnert an Karl Poppers Theorie von den drei Welten: die Welt der Ideen, die Welt unserer psychischen Befindlichkeit und die Welt der Sachen sowie das Zusammenspiel zwischen ihnen und ihre gegenseitige Abhängigkeit.

So verstanden ist diese Definition brauchbar. Ohne diesen Hintergrund verdeutlicht sie zu wenig, wie entscheidend es ist, umzudenken, bisherige Interpretationsmodelle, Bedeutungszuschreibungen und Sprachmuster aufzugeben und zu verlernen. Dann riskieren die abgeleiteten Maßnahmen formalistisch und bürokratisch zu werden und zur Episode zu verflachen.

Diese Gefahr lauert auch auf das Reengineering und das Total-Quality-Programm. Beide beruhen auf Prozeßanalysen, auf dem Messen von Prozeßleistungen, streben nach überlegenem Beherrschen von Prozessen und nachhaltigen Wirkungen (The Boston Consulting Group 1993, 63).

Reengineering stellt bestehende Rahmenbedingungen bewußt in Frage, verlangt radikale Veränderungen in den Abläufen und „beginnt mit einem leeren Papier". Aber es ist nicht möglich, mit einem „leeren Papier" zu beginnen, weil wir in Mustern und Strukturen denken, die aus unserer Geschichte und Erfahrung stammen, so daß wir doch wieder Bekanntes auf das „leere Papier" schreiben. Wenn wir uns der Grenzen unseres Denkens nicht bewußt sind, können wir sie nicht überschreiten, sondern bleiben im Rahmen des Üblichen.

Reengineering als Beratungsleistung entgeht nicht dem Paradox der Veränderung selbstorganisierender Systeme. Der außenstehende Berater wirkt nicht von innen an den Systemprozessen mit, seine Beiträge werden nur als Informationen unter anderen wahrgenommen. Auf ihre Verarbeitung durch das System hat er keinen tiefgehenden Einfluß. Greift er aber massiv ein, mit Rückendeckung durch die Unternehmensleitung, riskiert er, die Selbsterneuerung und Selbstorganisation überhaupt zu beschädigen. Diese paradoxe Situation nicht mitzudenken bedeutet, ihr zum Opfer zu fallen.

TQM nimmt das Bestehende als Ausgangslage und will mit kleinen Schritten Leistungsverbesserungen erzielen. Dabei sollen die Initiativen von den Mitarbeitern ausgehen. Der Gesamtprozeß soll dabei zunächst stabil gehalten werden.

Die Gefahr liegt hier in der Diskrepanz zwischen dem Engagement der Mitarbeiter und eindrucksvollen Verbesserungen in Teilbereichen einerseits und den unbeeinflußten Machtstrukturen andererseits, an denen viele Initiativen ihre Grenzen finden. Enttäuschung und Demotivation sind die Folge.

Das sich selbsterneuernde Unternehmen will aus dem Bewußtsein weltweiter Veränderungen einen Umdenkungsprozeß auslösen, der die Organisation, die praktische und methodische Zusammenarbeit und die Menschen mit ihrer Lernbereitschaft erfaßt.

Ein Anliegen dieses Buches ist es, auf das Umfeld hinzuweisen, in dem „Lernunternehmen" stattfindet und das es zu einer existentiellen Notwendigkeit macht. Dieses Umfeld, in dem wir heute leben und in dem sich Unternehmen zu bewähren haben, ist der Weltmarkt, ist die Weltgesellschaft. Viele Unternehmen haben die letzte Rezession nur überlebt und konnten ihren Bestand nur deshalb sichern, weil es ihnen gelungen war, weltweit tätig zu sein und sich am Weltmarkt einen Namen zu machen.

Die sich weltweit entwickelnde Verkehrsinfrastruktur verkürzt die räumlichen Distanzen immer mehr. Die globale Vernetzung der Telekommunikationen beschleunigt ihrerseits die Internationalisierung der Wirtschaft. Die Dynamik dieser globalen Kommunikationssysteme hat auch in kultureller Hinsicht vereinheitlichende Informationsmuster zur Folge (Reimann, 1992, 14).

Der Trend zur Globalisierung beschleunigt sich durch zahllose internationale Institutionen und Kongresse, durch die Angleichung von Normen und Zeichen, durch multinationale Konzerne und international kooperierende Organisationen sowie Netzwerke freiwilliger Vereinigungen (Reimann, 1992, 24).

Eine entscheidende Rolle bei der Bildung der Weltgesellschaft spielt die zunehmende Nutzung der neuen Informationstechnologien.

So soll die Revolution im Herbst 1989 in den Ländern Osteuropas auch deshalb möglich und gewaltfrei möglich gewesen sein, weil durch Telekommunikation die gesamte Weltöffentlichkeit zu einem machtvollen Beobachter wurde, vor dem die Machthaber nicht mehr so leicht Gewalt anwenden konnten, ohne sich zugleich der weltweiten Verurteilung auszusetzen. Durch die Telekommunikation werden lokale Ereignisse zu Themen der Weltgesellschaft (Münch, 1992, 30).

Abgesehen davon, daß das Denken in globalen Dimensionen für uns noch neu und ungewohnt ist, so sehen wir uns doch dort ständigen Veränderungen, sich beschleunigenden Innovationen und überraschenden Schwerpunktverschiebungen gegenüber, so daß nur ein Unternehmen von ähnlichem Veränderungspotential diesem neuen Umfeld „Weltgesellschaft" entsprechen kann. Das sich selbsterneuernde Unternehmen ist der Versuch, ein Unternehmen so zu gestalten, daß es sich in der Weltgesellschaft behaupten kann, weil Lernen als Basisprozeß in ihm institutionalisiert ist.

Aber die neue Herausforderung für Unternehmen besteht nicht nur in dieser bisher unbekannten Dimension der Weltgesellschaft, sondern auch darin, daß diese Weltgesellschaft eine Wissensgesellschaft sein wird. Was ist damit gemeint und was bedeutet dies?

Bill Gates spricht von einem multimedialen Zeitalter, das durch die Datenautobahnen eingeläutet werde. Diese ermöglichen es, „Themen zu erkunden, nach dem gesamten Wissen zu greifen, Verbindungen zu anderen aufzunehmen ... eine Revolution unserer Art zu lernen ..." (Heuser, 1995, 20) Durch diese elektronischen Kommunikationsmittel beschleunigen sich Wissensentstehung, Wissensaustausch und Wissensverdichtung. In den USA beträgt der Anteil der Wissensarbeiter 40 Prozent der Erwerbsbevölkerung, auf 50 Prozent des amerikanischen Bruttosozialproduktes beziffert sich der Anteil der

Wissensarbeit. Es ändert sich die ökonomische Struktur der Gesellschaft. Die herkömmlichen Produktionsfaktoren Arbeit und Eigentum büßen an Bedeutung ein. Arbeit wird zunehmend von wissensfundierten Berufen ausgeführt (Stehr, 1994, 240).

So wie die bürgerliche Eigentumsgesellschaft von der Arbeits- oder Industriegesellschaft abgelöst wurde, folgt auf diese die Wissensgesellschaft. Der konstitutive Mechanismus dieser Gesellschaft wird Wissen sein, ihre Identität wird durch Wissen bestimmt. In der Wirtschaft verläuft die Entwicklung von einer weitgehend materiell orientierten und gesteuerten Wirtschaft hin zu einer wissensfundierten Ökonomie. „Wissen wird zunehmend zum wichtigsten Produktionsfaktor" (Stehr 1994, 295). Die Zahl der Beschäftigten im Herstellungsbereich geht zurück. „In der Wissensgesellschaft genießt systematisches Wissen und nicht praktisches Können zunehmend besondere Wertschätzung" (Stehr, 1994, 296).

Die moderne Gesellschaft als Wissensgesellschaft zu bezeichnen, das bedeutet das Vordringen der Wissenschaft in alle Lebensbereiche, die Entwicklung des Wissens zur unmittelbaren Produktivkraft, die Hervorhebung des Wissens in der Politik in Form von Wissenschafts- und Bildungspolitik, die Übernahme von Entscheidungskompetenz durch Wissenschaftler, aber auch Wissen als Grundlage neuer sozialer Ungleichheit (Stehr, 1994, 36).

So wird Wissen zum Motor gesellschaftlichen Wandels, Quelle von Innovationen und Ausgangspunkt gesellschaftlicher Veränderungen.

Wissen bedeutet die Fähigkeit zum sozialen Handeln, die Möglichkeit, etwas in Gang zu setzen; es stellt Handlungsmöglichkeiten dar, die sich ständig ausweiten, indem es neuartige Chancen eröffnet und Spielräume erweitert (Stehr, 1994,

Wissen produziert nicht nur Dinge zur Befriedigung von Bedürfnissen, sondern zugleich eröffnet es eine Vielfalt neuer Möglichkeiten, neue Sphären menschlichen Strebens und wird somit zur Quelle gesellschaftlichen Wandels.

Wissen stellt eine Metakompetenz dar. Je größer Wissen ist, um so weitreichender sind die Handlungs- und Gestaltungsmöglichkeiten.

Wissen läßt sich auch als kritische Selbstreflexion verwenden. Je größer das Wissen um sich selbst ist, um so weiter ist der eigene Verhaltensspielraum. Diese Anwendung auf sich selbst und die Fähigkeit, auf sich selbst einzuwirken, führt zu der Eigendynamik sich selbst verstärkender Prozesse. Sie begründen die sich beschleunigenden Innovationen und Umorganisationen.

Lernunternehmen ist auch von großer Bedeutung für die Zukunft der menschlichen Gesellschaft. Außer den lokalen Kriegen sieht sich die Weltgesellschaft auch Bedrohungen gegenüber, die die Qualität menschlichen Lebens überhaupt angehen: Bevölkerungswachstum, Klimaveränderung, Ozonschicht, um nur wenige Stichworte zu nennen.

Lernunternehmen kann zur Bewältigung dieser Krisen beitragen, denn es gliedert sich ein in das Selbstorganisationsprinzip der Evolution und führt dieses weiter.

Peter Kafka, Astrophysiker am Max-Planck-Institut in Garching, beschreibt die Selbstorganisation als das Prinzip, nach welchem die Evolution sich zu immer höherer Komplexität entfaltet. So eröffnet ein quantenmechanisches Ereignis verschiedene naturgesetzlich zulässige Möglichkeiten (Kafka, 1994, 84 f.). Welche von ihnen verwirklicht wird, bestimmt der Zufall. Die Auswahl der Zufälle findet im Rahmen einer Wahrscheinlichkeitsverteilung statt. Die Wahrscheinlichkeiten sind durch Wirkungen der gesamten bisher verwirklichten Welt wie auch durch die unverwirklichten Strukturen aller erreichbaren Möglichkeiten bestimmt. Die verwirklichte Welt ist Ergebnis eines Auswahlprozesses, der aus Zufällen besteht. Sie stehen unter den Bedingungen jener Wahrscheinlichkeitsverteilung, die bestimmt ist durch einen momentanen Zustand, durch die Einflüsse alles anderen Verwirklichten und durch die Struktur benachbarter Möglichkeiten. Wirklichkeit ist demnach nur eine verschwindend winzige Auswahl aus allen Möglichkeiten.

Das Unverwirklichte, das sich im Raum der Möglichkeiten bewegt, ist unermeßlich viel mehr. Weiter- und Höherentwicklung, Veränderung und Lernen kommen dadurch zustande, daß die als Möglichkeiten vorhandenen Gestalten als Attraktion wirken, die vielleicht von der Wirklichkeit gefunden werden.

Die Evolution will weiter, sie drängt nach vorne. Das vom menschlichen Gehirn hervorgebrachte Bewußtsein ist das Werkzeug, das die Evolution weiterführt. Es ist jetzt der Anführer für die Weiterführung der Evolution nach dem Prinzip der Selbstorganisation. Im menschlichen Gehirn ist die Geschwindigkeit des Tastens nach neuen Ideen viel größer als bei den Mutationen biologischer Gestalten (Kafka, 1994, 112). Dabei wirken geistige Gestalten, Ideen oder Informationen als Attraktoren im Raum der Möglichkeiten. Im menschlichen Geist tastet die Evolution weiter, nach diesen Attraktoren und damit nach höheren und lebensfähigeren Wirklichkeiten (Kafka, 1994, 137).

Lernunternehmen arbeitet nach diesem Prinzip der Selbstorganisation; wir werden es mit dem Begriff der Autopoiese bezeichnen, um den darin enthaltenen Gedanken der Selbsterneuerung zu betonen. Es reiht sich somit ein in diesen Trend der Evolution, mit dem Funktionsprinzip der „Selbstorganisation" immer höhere Komplexität hervorzubringen, ständig neue und bessere Lösungen zu suchen.

Pierre Teilhard de Chardin (1881–1955), Professor für Geologie und Paläontologie in Paris und Mitglied des Jesuitenordens, hat die Evolution als eine in Umwandlung befindliche Masse beschrieben, die sich von der Ordnung weniger Elementarteilchen herleitet und sich nach einem Gesetz zunehmender Verflechtung transformiert. Teilhard de Chardin verfügte noch nicht explizit über die Theorie der Selbstorganisation, so daß er eher das Kausalitätsprinzip zugrunde legte. Mit Hilfe des Begriffes der Selbstorganisation gewinnt seine Evolutionslehre eine neue Aktualität.

Das Streben der Evolution vom Einfachen zum Komplexen nennt Teilhard de Chardin die Innenseite der Dinge. Es ist eine Dimension, die dem gesamten Stoff des Universums zukommt und etwas Geistiges, Psychisches oder Bewußtes birgt. Es ist von veränderlicher Intensität, die durch alle aufsteigenden Wachstumsstufen des Lebens bis zum reflexen Denken des Menschen reicht (Kopp, 1986, 31).

Die Grundlage des Universums bilden wenige, einfache Stoffe mit armer Innenseite. Der Aufstieg führt zu vielen, immer komplexeren Verbindungen mit bewußterer Innenseite. Der höheren äußeren Komplexität entspricht immer wieder auch ein höherer Grad von Bewußtsein. Leben versteht Teilhard de Chardin als Explosion innerer Energie unter biologischer Hochspannung in die nächste Daseinsstufe (Kopp, 1986, 35).

Teilhard de Chardin nennt drei Daseinsstufen: die Geosphäre, die Biosphäre und die Noosphäre, d. h. die Phase des Auftauchens des menschlichen Geistes und seiner dynamischen Entwicklung.

Er bezeichnet die Evolution als eine Steigerung des Geistigen und spricht von einer Achse, auf der die Evolution vorwärts drängt nach mehr Geist, Wissen und Bewußtsein. Die Entwicklung des Lebens definiert er als eine Bewußtseinsbewegung.

„Der Mensch blickt nicht nur um sich, sondern auch in sich. Er weiß als einziger, daß er weiß" (Kopp, 1986, 41).

In ihm wird sich die Evolution ihrer selbst bewußt. Ihre Weiterführung ist in die Verantwortung menschlichen Denkens, Wissens und Bewußtseins gelegt.

Lernende Unternehmen tragen zu dieser Weiterführung des Anliegens der Evolution bei, indem sie selbst die Tendenz verstärken, mehr Wissen und Bewußtsein hervorzubringen und aus diesem Bewußtsein heraus ihren Beitrag zur verantwortungsvollen Weiterführung der Evolution leisten, die jetzt in unseren Geist und in unsere Hände gelegt ist.

Stellen Sie sich vor, in einem Unternehmen orientieren sich die dort tätigen Menschen immer weniger an den Leitideen Macht, Rivalität, Abgrenzung und immer mehr an der Leitidee des Voneinander-, Füreinander- und Miteinanderlernens.

Es war 1985. Ein süddeutscher Unternehmer erwähnte zum ersten Mal den Begriff des Lernunternehmens als Zielvorstellung für seine weltweit agierende Firma. Obwohl damals weder er noch ich erklären konnten, was darunter zu verstehen sei, obwohl kaum jemand verstanden hatte, was damit gemeint war, so ging doch von diesem Begriff eine überraschende Faszination aus. Zunächst gab es viele Fragen. Auch sorgenvolle Fragen tauchten auf: „Braucht man jetzt nur noch Akademiker?" fragten Mitarbeiter, „Sollen wir zu einem Beratungsunternehmen werden?", „Womit wollen wir dann den Ertrag und die Arbeitsplätze sichern?"

Der Weg zum Lernunternehmen, zu seiner Idee und seiner Umsetzung war selbst ein Lernprozeß. Kritische Fragen, Widerstände, auch Verhinderungsversuche zwangen zu einem ständigen Bemühen um vertieftes theoretisches Verständnis und auch verständlichere, praxisnähere Formulierungen. Es gab damals ja keine Veröffentlichungen, keine ausformulierte Theorie und keine Beispiele gelungener Umsetzung. Endlose Diskussionen, Seminare, Abendveranstaltungen führten schließlich zu einer klareren Vorstellung davon, wie Lernunternehmen definiert und umgesetzt werden könnte.

Diese Umsetzung begann mit einer Neuorganisation des Unternehmens. Sie sollte nach dem Vorbild des menschlichen Gehirns, des anspruchsvollsten lernenden Systems, aufgebaut werden:

- Hierarchie und Vernetzung,
- autonome Einheiten und Instanzen der Integration,
- Reflexion als Quelle der Erneuerung.

Damit sollten die Voraussetzungen für Lernen geschaffen werden.

Ein Unternehmen in eine neue Form des organisatorischen Zusammenwirkens zu führen ist eine große Anstrengung. Es werden dabei Fehler gemacht. In einem großen Unternehmen sind viele Menschen betroffen, ihre Verhaltensmuster werden in Frage gestellt, ihre Interessen, Traditionen, Abgrenzungen. Im nachhinein ist man klüger.

„Die Erneuerung beginnt vom Kopf her", resümierte ein Teilnehmer die Neugestaltung des Unternehmens. Nicht die neue Organisation, sondern wie sie von den in ihr tätigen Menschen gelebt wird, ist entscheidend. Es begann die Phase der geistigen Umgestaltung des Unternehmens.

Ideen üben eine starke Macht über uns aus. Ohne neue Ideen bleiben trotz neuer Organisation altes Verhalten, eingeübte Handlungsmuster und gebildete Meinungen bestehen. Ideen können Lernen behindern oder fördern. Ein lernendes Unternehmen kann es nicht geben ohne eine Philosophie der Veränderung, ohne ein geistvolles Klima, eine lernbegierige Atmosphäre.

Eine solche geistige Welt vermittelt die Philosophie des kritischen Rationalismus. Er betont, daß niemand von uns im Besitz der Wahrheit ist und wir über den Weg der kritischen Selbstreflexion uns miteinander auf die Suche nach der jeweils besseren Lösung begeben müssen. Die ruhelose Suche nach der besseren Lösung als zentraler Gedanke dieser Philosophie drängt nach effizienterer Zusammenarbeit, nach qualifizierteren Entscheidungen, nach höherer Qualität, nach ständiger Selbsterneuerung des Unternehmens.

Organisationsveränderungen beseitigen manche Probleme und schaffen wieder neue. Die Ideen riskieren, unverbindlich zu bleiben und nicht praktiziert zu werden.

Um einer lähmenden Theorie-Praxis-Diskrepanz zu entgehen, müssen Organisation und Philosophie in der Praxis der Zusammenarbeit stattfinden. Sie müssen sich in der Bewältigung des alltäglichen Geschäftes bewähren, also wie man besser miteinander kommuniziert, Interessengegensätze überwindet, in Gruppen zusammenarbeitet und Qualitätsprozesse initiiert.

Organisation, Unternehmensphilosophie und praktische Zusammenarbeit hängen von Menschen ab, die sie leben. Ein Lernunternehmen lebt durch Menschen, die selber Lernen zur Leitidee des eigenen Lebens erhoben haben. Menschen mit einer starren Identität oder narzißtische Menschen sind nicht nur selber wenig lernfähig, sie behindern auch das Lernen der anderen. Lernfähige Menschen sind bereit, sich im Verlauf ihres Lebens immer wieder auf neue Erfahrungen einzulassen, ihr Selbstverständnis und ihre Sicht der Welt immer wieder neu zu erfinden.

Vielleicht fragen Sie sich jetzt, was denn unter Lernunternehmen zu verstehen sei, wie man es definieren könne. Zu Beginn der Umgestaltung des Unternehmens konnte niemand eine klare Definition anbieten und sie verständlich erläutern. Sie hat sich herausgebildet über viele Diskussionen und Reflexionen und ist somit selbst ein Erzeugnis des Voneinander- und Miteinanderlernens. Sie lautet vorläufig: „Ein Lernunternehmen befähigt sich durch seine Organisation, seine Philosophie, seine Praxis der Zusammenarbeit und seine Menschen, von denen alles abhängt, Lernprozesse von solcher Intensität zu initiieren, daß es in der Lage ist, mit zunehmender Leichtigkeit die Herausforderungen einer sich verändernden Welt zu meistern."

In der folgenden Abbildung ist die Definition, die sich vorläufig herausgebildet hat, graphisch dargestellt. Das Lernunternehmen besteht aus einer Lernen fördernden Organisation und Philosophie. Es findet in der Praxis der Zusammenarbeit statt und wird von lernfähigen Menschen getragen, so daß es sich den Herausforderungen seiner Umwelt stellen kann. Das Bild wird Sie durch das Buch hindurch begleiten und Ihnen als Orientierung dienen.

Inzwischen ist „Lernunternehmen" in aller Munde. Veröffentlichungen und Seminarangebote vervielfältigen sich. Das Interesse an diesem Modell als Weg der Selbsterneuerung und Zukunftsbewältigung wächst ständig. Inzwischen habe ich mehrere Unternehmen auf dem Weg zum Lernunternehmen begleitet und viele Gespräche mit verantwortlichen Gestaltern

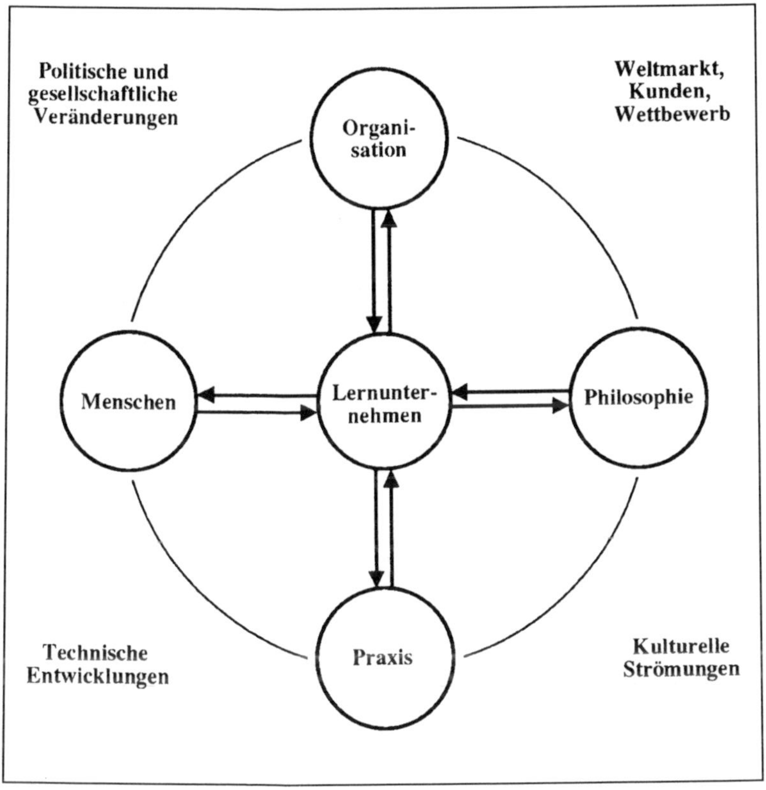

Das Lernunternehmen, seine Elemente, in seinem Umfeld und seinen Herausforderungen

solcher Veränderungen geführt. Bei einem Besuch in einem amerikanischen Unternehmen, das bei der Umsetzung schon weit vorangeschritten ist, sagte mir ein Mitarbeiter über Lernunternehmen: „It's more, it's a way of life."

Er bestätigte damit eine sich verstärkende Vermutung, daß nämlich Lernunternehmen mehr ist als eine Managementmethode oder eine Organisationsform, sondern von einer Bedeutung, die über Unternehmen hinausreicht.

1 Die Organisation des Lernunternehmens

Soziale Organisationen sind seit 5 000 Jahren vorwiegend hierarchisch aufgebaut. Hierarchie heißt heilige Ordnung. An ihrer Spitze steht der Pharao, der alle geistliche und weltliche Macht in sich vereinigt. Er regiert durch Befehl, Gehorsam, Kontrolle und Sanktionen. Diese Organisationsform war über Jahrtausende ein bewährtes Ordnungsprinzip. Unter andauernd stabilen Verhältnissen hat sie zu enormen Leistungen befähigt, von der Bewältigung hochkomplexer Aufgaben unter sich rasch ändernden Umfeldbedingungen ist sie zunehmend überfordert. Angesichts der Herausforderungen unserer Zeit mit den sich beschleunigenden Innovationsprozessen brauchen wir eine schnellere und effizientere Organisation, das heißt eine, die als Organisation Lernprozesse in einem Unternehmen fördert, erleichtert und intensiviert. Für eine solche Lernorganisation gibt es kein Vorbild, das sich einfach nachahmen ließe. Die Situation ist zu neu für alle.

Autopoiese

Bei der Suche nach lernfähigen Systemen versuchen wir bei anderen Wissenschaften Anleihen zu machen. Dabei stoßen wir in der Biologie auf den Begriff der Autopoiese. Dieser Begriff stammt von dem chilenischen Biologen Maturana, der ihn 1973 formuliert hat. „Autopoiese“ leitet sich aus dem Griechischen ab und bedeutet: selbstorganisieren, selbststeuern, selbsterschaffen, selbsterneuern.

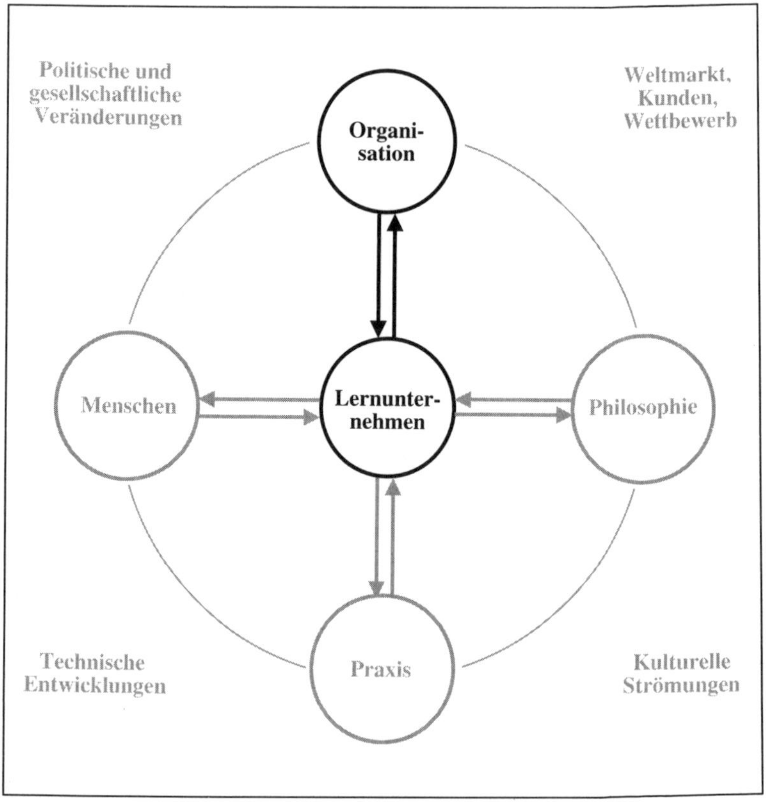

Wie muß eine Organisation beschaffen sein, um die Lernfähigkeit eines Unternehmens zu fördern?

In der Biologie dient Autopoiese zur Definition lebender Systeme. Sie sind autopoietische Systeme, weil sie in einem kontinuierlichen Prozeß das eigene System selbst erzeugen. Sie erschaffen sich aus sich selbst heraus ständig neu. So ersetzt eine Zelle in einem kontinuierlichen Vorgang die Bestandteile, aus denen sie besteht, mit Hilfe der Bestandteile, aus denen sie besteht (Willke, 1983, 43).

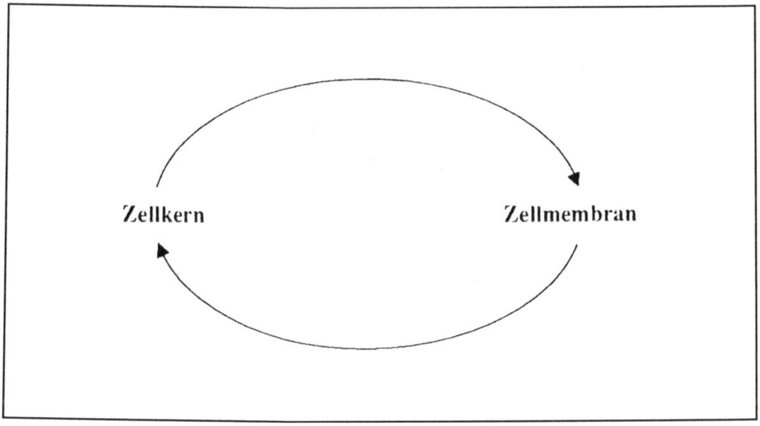

Eine lebende Zelle als autopoietisches System, das heißt als ein System, das die eigenen Bestandteile aus den eigenen Bestandteilen kontinuierlich hervorbringt

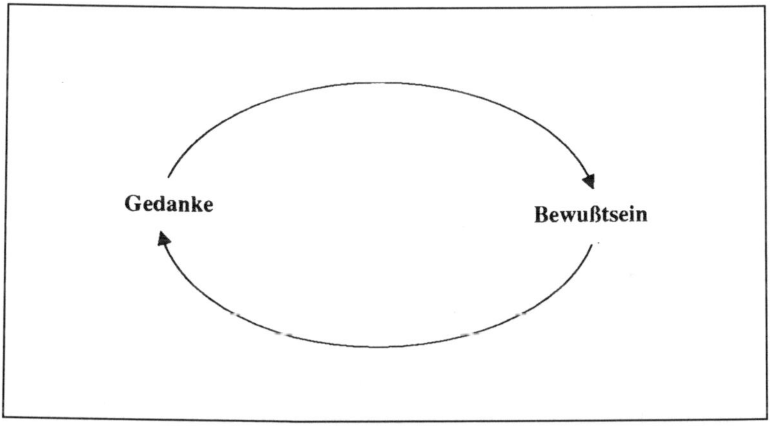

Unser Bewußtsein als autopoietisches System

Unser menschliches Gehirn bildet die neuronale Basis für unser Bewußtsein als autopoietisches System. Dieses bringt Gedanken hervor, die wieder unser Bewußtsein erzeugen, das wieder

Gedanken hervorbringt usw. in einem kontinuierlich sich selbst erneuernden Vorgang.

Soziale Systeme wie Unternehmen sind nicht dann autopoietische Systeme, wenn sie als eine Ansammlung von Menschen betrachtet werden, sondern als Kommunikationsvorgänge, die Entscheidungen hervorbringen, die wiederum Kommunikationen auslösen usw.

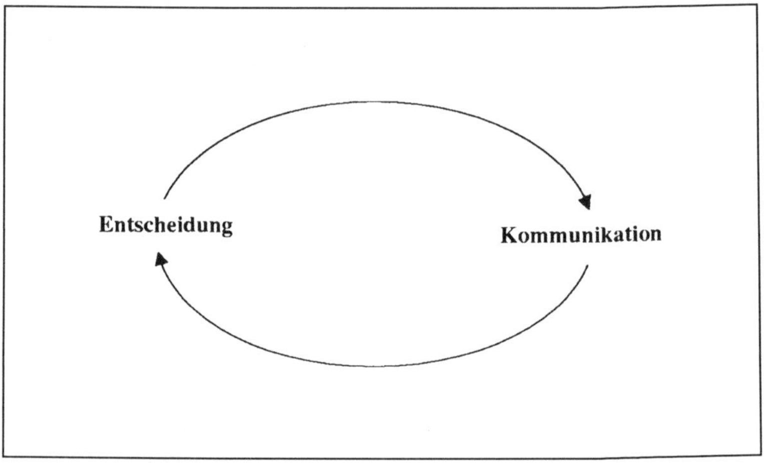

Unternehmen als autopoietisches System, das aus Kommunikation und Entscheidung besteht und in einem kontinuierlichen Vorgang zu neuen Kommunikationen und neuen Entscheidungen führt

Autopoietische Systeme sind geschlossene Systeme, das heißt unabhängig und unbeeinflußbar von ihrer Umwelt. Sie handeln ausschließlich nach den eigenen Gesetzmäßigkeiten. Diese Geschlossenheit bezieht sich auf den Grundvorgang der Selbsterzeugung. Autopoietische Systeme sind aber offen hinsichtlich der Aufnahme von Energie und Informationen. In der Verarbeitung von Informationen sind sie autonom. So können sie durch Umweltereignisse angestoßen, aber nicht determiniert werden. Sie bestimmen autonom, ob und wie sie auf Impulse von außen reagieren. Diese innere Autonomie Einflüssen von außen gegenüber begründet die Offenheit und Lernfähigkeit autopoietischer Systeme.

Durch die Geschlossenheit autopoietischer Systeme wird die Bedeutung und Leistung von Kommunikation zwischen ihnen deutlich. Kommunikation erfordert Verstehen der gesendeten Signale. Diese können aber nur auf die spezifische Weise des verstehenden Systems verstanden werden. So kommt es, daß gelingende Kommunikation ein besonderes Bemühen erfordert. Gleichzeitig ist Kommunikation der einzige Weg, Zusammenarbeit zwischen autopoietischen Systemen zu ermöglichen – unter Beibehaltung der jeweiligen Selbsterneuerungsprozessen.

Unternehmen als autopoietisches System

Kommen wir zurück zu unserer Frage: Wie muß eine Organisation beschaffen sein, um die Lernfähigkeit eines Unternehmens zu fördern?

Eine solche Organisation sollte die autopoietischen Prozesse im System Unternehmen fördern. Ein Unternehmen ist dann ein autopoietisches System, wenn es sich durch eine eigene Kommunikationsweise und eine verbindende Idee von anderen unterscheidet; wenn in ihm der Grundprozeß der Selbsterneuerung am Werk ist, der sich in Kommunikation und Entscheidung von zunehmender Qualität äußert; wenn es bezüglich der Grundprozesse der Unternehmensgestaltung geschlossen ist und damit dem Umfeld gegenüber autonom, was ihm seinen Handlungsspielraum eröffnet; wenn es über

Kommunikation bemüht ist, das Umfeld, in dem es sich bewähren muß, zu verstehen und weiß, daß dies eine besondere Anstrengung bedeutet, wenn sie gelingen soll. Eine Organisation sollte deshalb die autopoietischen Prozesse im Unternehmen fördern, weil diese in besonderer Weise lernfähig machen.

Sie vollbringen durch ihr Selbststeuerungsvermögen eine kontinuierliche Anpassungsleistung an neue Herausforderungen, lösen ihre Probleme selbst und beseitigen interne Störungen.

Durch ihre Geschlossenheit in den Basisprozessen der Selbststeuerung sind sie den Impulsen des Umfeldes gegenüber autonom. Sie sind selbstbestimmt. Die Konzentration auf die Verbesserung der internen Verarbeitungsleistung macht sie leistungsfähig nach außen. Je reibungsloser die internen Prozesse ablaufen, um so mehr Energie steht einem Unternehmen für seine Aktivitäten nach außen zur Verfügung. Je besser nach innen – um so stärker nach außen. Durch ihre Selbsterneuerungsfähigkeit können sie sich auf sanfte Weise an neue Umfeldbedingungen anpassen und somit auf massive Eingriffe von außen verzichten.

Wie müßte dann eine Organisation beschaffen sein, die autopoietische Prozesse von solcher Intensität fördern könnte, daß ein Unternehmen zum lernenden Unternehmen wird?

Hier machen wir Anleihen bei der Neurologie, indem wir den Aufbau des menschlichen Großhirns untersuchen. So wie der organisatorische Aufbau eines Unternehmens die Voraussetzungen für die autopoietischen Prozesse im Unternehmen schafft, so bildet das Zentralnervensystem die Grundlage für die Autopoiese des menschlichen Bewußtseins. Das menschliche Großhirn ist das lernfähige System par excellence. Es ist das anspruchvollste Lernsystem, das die Evolution hervorgebracht hat. Von seinem Aufbau und seiner Funktionsweise suchen wir Anregungen zu bekommen für die Gestaltung von Organisationen, um auch hier bessere Voraussetzungen für Lernprozesse zu schaffen.

Das menschliche Gehirn als Modell

Wir fragen nach Aufbau und Funktionsweise des menschlichen Gehirns, weil es autopoietische Prozesse auslöst, die Lernfähigkeit in höchster Form hervorbringen.

Zunächst finden wir im Gehirn, wie im Organismus überhaupt, einen hierarchischen Aufbau vor, aber er wird ergänzt durch eine immense Dichte von lateralen Vernetzungen. Da es im Gehirn – abweichend zur Hierarchie – keine letzte Entscheidungsinstanz gibt, werden Entscheidungen in einem ständigen Abstimmungsprozeß zwischen Hierarchie und Vernetzungen „ausgehandelt".

In einer Lernen fördernden Organisation geht es also nicht um die Abschaffung von Hierarchie, sondern um ihre Anreicherung und Ergänzung durch Gruppen, die sich zu fachspezifischen Themen treffen und bereichs- und funktionsübergreifend zusammengesetzt sind. Entsprechend sollten Entscheidungen zwischen Hierarchie und lateral eingesetzten Fachgruppen gleichsam in einer dualen Entscheidungsstruktur getroffen werden (Willke, 1983, 36 f.). Dabei werden Spannungen und Konflikte sichtbar, was zu einer gemeinsamen Suche nach besseren Lösungen führen soll.

Durch die Entwicklung des menschlichen Gehirns wird es möglich, Verhalten aus dem Reiz-Reaktions-Schema zu befreien und einen Freiheitsspielraum durch größere Unabhängigkeit von Umweltimpulsen zu schaffen. Gleichzeitig können Informationen ins Gehirn transformiert, dort integriert und mit gespeicherten Informationen aufgeladen werden. Die Antwort auf Informationen wird dadurch selbstbestimmt. Bei einer herannahenden Gefahr bestimmt der einzelne auf autonome Weise, wie er auf diese Information antwortet: durch Flucht, Verteidigung, Angriff oder Ignorieren.

Je intensiver und qualifizierter die internen Informationsprozesse ablaufen, je mehr es gelingt, interne Störungen zu beseitigen und je besser die übergreifende Zusammenarbeit gelingt, um so ausgeprägter ist die Autonomie eines Unternehmens. Es kann autonom bestimmen, wie es auf Herausforderungen des Umfeldes antwortet. Je gesünder und störungsärmer die internen Vorgänge eines Unternehmens ablaufen, über um so mehr Energie verfügt es für Aktionen nach außen, um so freier, phantasievoller und flexibler kann es nach außen reagieren.

Die Fähigkeit zur Selbstreflexion macht das menschliche Gehirn zum lernfähigsten System, das die Evolution hervorgebracht hat. In dieser Fähigkeit besteht das Wesen des menschlichen Gehirns darin, daß es mit sich selbst in Beziehung treten kann, sich selbst zum Thema des eigenen Denkens machen kann, um auf diese Weise auch die systemeigenen Prozesse zu verändern (Luhmann, 1981, 81 f.). Diese Selbstreflexion ist die Quelle der geistigen Weiterentwicklung, aus ihr gehen entscheidende Neuorientierungen hervor, sie bedeutet Lernfähigkeit.

Auf Unternehmen übertragen heißt dies, Gelegenheiten zu schaffen, bei denen das Unternehmensgeschehen selbst zum Thema der Reflexion gemacht wird. Das Zusammenwirken, die unbewältigten Störungen, die ungenutzten Chancen werden zum Programmpunkt des gemeinsamen Nachdenkens erhoben. Häufig müssen aber solche Themen zugunsten von Fachthemen zurücktreten, die Kraft zur Veränderung bleibt schwach.

Durch Reflexion ist das Gehirn in der Lage, sein Umfeld nicht mehr nur von der eigenen Warte aus zu sehen, sondern auch die Außenwelt in sich abzubilden, ja sogar die Innenwelt der Außenwelt in sich zu entwerfen, darin probeweise zu handeln und die Folgen möglichen Handelns geistig vorwegzunehmen (Willke, 1983, 32).

Sowohl die Erkenntnistheorie als auch die Theorie autopoietischer Systeme sagen uns, daß wir keinen Zugang zur objektiven Wirklichkeit haben, uns somit auch kein objektives Wissen über Marktgegebenheiten zur Verfügung steht und Prognosen erst recht nur Vermutungswissen darstellen. Somit ergeben Untersuchungen, Markterhebungen und andere Informationen kein objektives Bild der Wirklichkeit, sondern müssen mit internen Informationen aufgeladen und interpretiert, das heißt mit Bedeutung versehen werden, um zu unternehmensspezifischen Aussagen zu kommen.

Dabei kommt es darauf an, ein internes Bild der Umwelt zu erarbeiten, das durch gemeinsame Reflexionsleistung vieler erzeugt wird, ein Bild der Umwelt, in welchem das Unternehmen sich erfolgreich behaupten möchte.

Wie wenig Zeit und Anstrengung wird oft auf die Erarbeitung dieses verbindenden inneren Bildes der Wirklichkeit verwandt. Dabei ist es die Voraussetzung für zielgerichtete und koordinierte Aktionen nach außen. Oft übernimmt die Abteilung für strategische Unternehmensplanung diese Aufgabe, die damit die Leistung weniger bleibt.

Die Fähigkeit, immer komplexere Aufgaben zu bewältigen, gelingt dem Gehirn durch einen zunehmenden Grad der internen Differenzierung und der Reintegration der differenzierten Teile. Das Gehirn antwortet also auf zunehmende Unsicherheiten in komplexer werdenden Umwelten mit immer höher entwickelten Formen der systeminternen Differenzierung und Reintegration der differenzierten Teile (Willke, 1983, 35).

Die Differenzierung geschieht dadurch, daß autonome Einheiten gebildet werden in Form von Business-Centers, Profit-Centers oder durch Gründung von Tochtergesellschaften und Auslagerung von Geschäftsbereichen. Die Schwierigkeiten ergeben sich bei der Reintegration der differenzierten Teile. Die ausdifferenzierten autonomen Einheiten treten nicht selten zueinander in einen Wettbewerb bis zum Preiskampf beim Kunden, oder sie beklagen sich über zu wenig echte Autonomie, zunehmende Gängelung und Bürokratisierung durch die Zentrale. Um die Integration der autonomen Teile zu gewährleisten, schafft sich das Gehirn integrative Einheiten in Form zahlreicher lateraler Verknüpfungen.

Folgende laterale Verknüpfungen lassen sich unterscheiden (Willke, 1983, 36 f.).

- direkter Kontakt zwischen Managern, die vom gleichen Problem betroffen sind;
- Personen, die als Verbindungsinstanz zwischen den Abteilungen fungieren, die auf übergreifende Zusammenarbeit angewiesen sind, um Abstimmungsprobleme zu bearbeiten;
- Task forces, die zusammengestellt werden, um Probleme zu lösen, die für mehrere Abteilungen relevant sind;

- Projektgruppen, die die Aufgabe haben, für ein bestimmtes Problem die fachlich bessere Lösung zu erarbeiten, ohne mit Rücksicht auf Interessengegensätze Kompromisse auf Kosten der Sache einzugehen.

In Unternehmen mit einem hohen Grad an Differenzierung kann die Aufgabe der Integration der vielfältigen Prozesse von einem eigens dafür vorgesehenen Manager wahrgenommen werden. Der Integration dient auch die duale Entscheidungsstruktur, bei der hierarchische und laterale Verknüpfungen nebeneinander bestehen. Dadurch treten Gegensätze zutage, Widersprüche und Konflikte werden offengelegt, um nach besseren Lösungen und gemeinsamen Entscheidungen zu suchen.

Integrationsarbeit kann nur gelingen, wenn sie im Unternehmen mit Ansehen und Belohnung verbunden ist und wenn von allen Beteiligten viel Toleranz im Umgang mit Spannungen und Konflikten aufgebracht wird. Wie entsteht nun ein zusammenhängendes und zielgerichtetes Verhalten vieler, das einem Gesamtplan folgt, einer Idee vom Ganzen?

Im Organismus hat jede Zelle in den Chromosomen die Informationen über den Gesamtplan gespeichert, dem als Leitidee das Ganze folgt. Die unterschiedlichen Informationen werden im Gehirn durch vielschichtige und vielfach parallel laufende Prozesse aufeinander abgestimmt, und es werden dennoch die unterschiedlichsten Impulse berücksichtigt, allerdings im Rahmen des Gesamtplanes. Zusammenhängendes und zielgerichtetes Verhalten entsteht dadurch, daß die Teile im Ganzen und das Ganze in den Teilen repräsentiert sind. Dies verdeutlicht, wie wichtig ein Gesamtplan ist, eine Leitidee, an der alle, auch die vielen Spezialisten, sich im Sinne des Ganzen orientieren können.

Unternehmen brauchen integrative Gremien, in denen die Interessen der Subsysteme ihre Berücksichtigung finden. Diese Gremien messen ihre eigenen Interessen wieder an der Leitidee, in der das Interesse des Ganzen ihren Ausdruck findet.

Tagungen sind erforderlich, um den Mitarbeitern immer wieder die Idee des Ganzen zu verdeutlichen.

Diese Idee des Ganzen gilt es, zwischen Vertretern der Hierarchie und der lateralen Vernetzungen in einem gemeinsamen Prozeß, an dem möglichst viele beteiligt sind, auszuhandeln. Dabei sollte es sich um einen sich wiederholenden Prozeß zwischen Hierarchie und lateraler Vernetzung, von Differenzierung und Integration, Redifferenzierung und Reintegration handeln. Dieser Prozeß der gegenseitigen Abstimmung, bei dem neue Informationen eingebracht und mit der erarbeiteten Idee des Ganzen verglichen werden, führt das Ganze zu einem immer höheren Niveau der gegenseitigen Qualifizierung, ohne daß einzelne Teile oder das Ganze ein Übergewicht bekommen.

Bei diesem Prozeß der Differenzierung und Reintegration werden Interessengegensätze sichtbar, und Spannungen brechen auf. Wenn nun die einzelnen Teilsysteme autonom und unverzichtbar geworden sind, dann lassen sich die Probleme durch Befehle und Zielvorgaben nicht mehr lösen. Bei gegenseitiger Abhängigkeit stehen einander unterschiedliche Argumentationen gegenüber. Jetzt muß es gelingen, über vielfache Abstimmungsprozesse die unterschiedlichen Wahrnehmungen und Gewichtungen einander anzunähern. Dabei verpflichten sich alle Beteiligten, ihr Verhalten so zu steuern, daß sie versuchen, sich den „anderen als geeignete Umwelt“ zu erweisen. Jeder der Beteiligten versucht beim Bemühen um die Verwirklichung seiner Ziele auch die Interessen der anderen

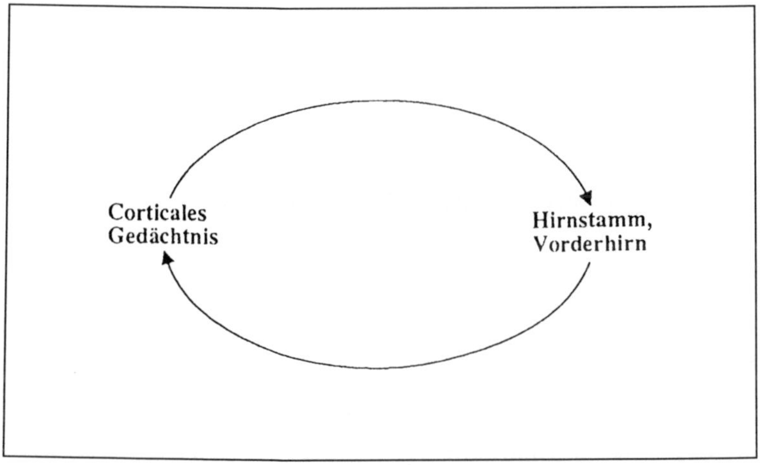

Ein Lernen ermöglichender Kreisprozeß, bei dem verschiedene Gehirnbereiche sich in einem Netzwerk gegenseitig determinieren

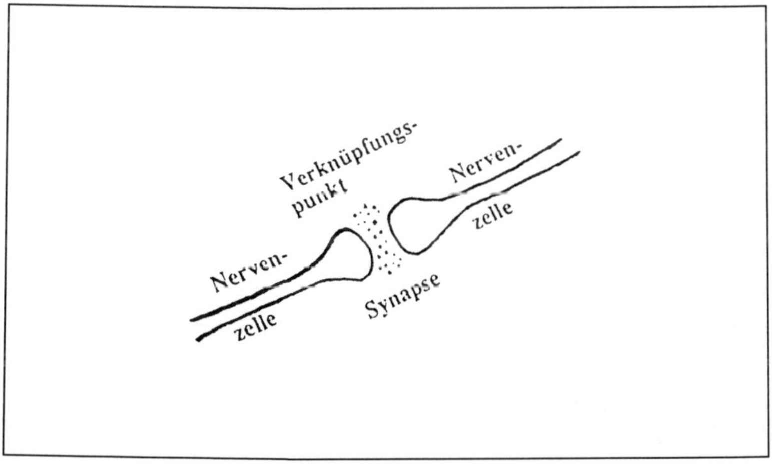

Bei Lernvorgängen ändert sich die chemische Zusammensetzung des Übertragungsmittels in den Synapsen

mit zu berücksichtigen, ihnen geeignete Umwelt zu sein. Anderenfalls schwächt er das Ganze zum eigenen Schaden.

Lernen als Prozeß der Veränderung

Wir haben die Gestaltungsprinzipien dargelegt, die in Unternehmen Lernprozesse auslösen und uns Hinweise zur praktischen Umsetzung erarbeitet.

Wenn wir uns mit Lernunternehmen beschäftigen, sollten wir nicht länger warten, um zu fragen, wie Lernen überhaupt stattfindet und wie schließlich Lernen sich in Unternehmen vollzieht.

Lernen findet in unserem Gehirn statt. Es ist das komplexeste und leistungsfähigste Gebilde des Universums. Zunächst ist es eine „neuronale Maschinerie“ (Roth 1992, 105), die aus 10^{12} Nervenzellen, den Neuronen, und 10^{15} Verknüpfungspunkten zwischen den Neuronen, den Synapsen, besteht. Jede Synapse hat vielleicht 100 Freiheitsgrade, so daß das Gehirn als Netzwerk über eine nahezu unbegrenzte Lernkapazität verfügt (Schmidt 1992, 12).

Diese neuronale Maschinerie bringt etwas hervor, aus ihr taucht eine ganz neue Eigenschaft auf, nämlich die mentalen Zustände und Prozesse. Sie emergieren aus den physiko-chemischen Prozessen der Neuronen, sind aber nicht physiko-chemisch begründbar. Sie stellen als mentale Vorgänge eine ganz neue Qualität des Gehirns dar. Diese mentalen Zustände sind sprachlich organisiert. Sie enthalten Wörter, Sätze, Texte, die in engem Zusammenwirken mit den neuronalen Vorgänge entstehen. Zwischen neuronalen und mentalen Prozessen bestehen also ganz enge Zusammenhänge.

Das Gehirn arbeitet in Schaltkreisen, die aus einer Vielzahl miteinander kommunizierender Nervenzellen bestehen und untereinander vernetzt sind. Dadurch entstehen Prozesse, an denen verschiedene Gehirnregionen beteiligt sind, die sich gegenseitig steuern und determinieren. Solche Kreisprozesse verschiedener sich gegenseitig beeinflussender Netzwerke bilden die Basis für Lernvorgänge. Diese Schaltkreise, in denen das Gehirn arbeitet, sind nicht fest „verdrahtet“, sie können sich immer wieder zu neuen Schaltkreisen vernetzen (Besser-Siegmund, 1994, 19 f.). Veränderungen der Wechselwirkungen zwischen Nervenzellen und den von ihnen gebildeten Schaltkreisen bedeuten Lernprozesse. Außerdem ist jeder Lernvorgang begleitet von Veränderungen der Übertragungseigenschaften der Synapsen, den Kontaktstellen zwischen den Nervenzellen.

Die „Macht“ der Schaltkreise (Besser-Siegmund, 1994, 25) besteht darin, daß sie über ihre Vernetzungen bis in weit auseinanderliegende Gehirnbereiche hinein mentale Zustände auslösen können, die sich als Gedanken, sprachliche Gebilde, in Verhalten, Empfinden und körperlichen Zuständen auswirken. Mit Hilfe von Sprache, also Wörtern und Sätzen, ist es andererseits möglich, auf neuronale Prozesse einzuwirken und Änderungen der Vernetzung auszulösen, so daß wiederum Lernprozesse ausgelöst werden.

Lernen beruht auf einem engen Zusammenwirken von mentalen und neuronalen Prozessen. Diese Prozesse basieren auf Netzwerken von Schaltkreisen, die sich untereinander beeinflussen. Jeder Lernvorgang verursacht nun und wird verursacht durch eine Veränderung in der Wechselwirkung zwischen Nervenzellen, Schaltkreisen und Netzwerken, die sie bilden. Eine solche Veränderung der Wechselwirkungen auf neuronaler Ebene führt auf mentaler Ebene, also auf der Ebene von

Wörtern, Sätzen und Texten zu Veränderungen, das heißt zu Lernprozessen. Ebenso führen mentale Veränderungen, also sprachliches, erkenntnismäßiges Lernen zu Veränderungen der Wechselwirkungen auf neuronaler Ebene und schaffen dort neue Vernetzungen.

Wie lernen Unternehmen?

Unter Lernen verstehen wir demnach Veränderungen, die durch Ereignisse ausgelöst werden, die sich auf unser Wahrnehmen, Denken und Handeln auswirken. Dabei können diese Ereignisse intern oder extern wahrgenommen, also dem Umfeld zugerechnet werden (Hejl, 1991, 293 f.).

Unter Unternehmen verstehen wir ein soziales System, das aus Mitgliedern besteht und einer Organisation, die von diesen Mitgliedern gebildet wird. Dieses System kommt zustande, indem seine Mitglieder einen Bereich gemeinsamen Denkens, Kommunizierens und Handelns bilden und sich im Umgang miteinander auf diesen gemeinsamen Bereich beziehen. Sie bilden oder übernehmen eine gemeinsame Wirklichkeitskonstruktion und interagieren mit ihr.

Die Organisation, die diese Mitglieder bilden, besteht aus den über eine gewisse Zeit stabilen Interaktionsmustern zwischen ihnen. Die Organisation beruht also auf sprachlichen Vorgängen: welche Mitglieder kommunizieren miteinander, über welche Themen, werden diese Vorgänge auf das im Denken und Handeln Gemeinsame bezogen?

Wenn sich nun Verhaltensweisen von Mitgliedern ändern, dann führt dies schließlich zu einer Änderung der Interaktionsmuster, was wieder eine Veränderung von Mitgliederverhalten auslöst. Wir finden hier das Prinzip der Autopoiese wieder, nach welchem auch die Lernprozesse im menschlichen Gehirn ablaufen.

Wenn nun Lernen eine durch ein Ereignis ausgelöste Veränderung ist, dann bedeutet dies für Lernen in einem sozialen System: im Zusammenhang mit einem Ereignis aktiviert ein Mitglied des Systems seine Interaktionsbeziehungen, die meist weitverzweigte und rückgekoppelte Schaltkreise oder Wirkungszusammenhänge bilden. Lernen in Unternehmen verläuft also ähnlich wie im menschlichen Gehirn.

Es handelt sich um autopoietische Vorgänge, das heißt die Systeme bestimmen autonom, wie sie Informationen intern verarbeiten und wie sie darauf antworten.

Beim Verarbeitungsvorgang sind hochkomplexe Wirkungszusammenhänge im Spiel, so daß weniger das äußere Ereignis als vielmehr die inneren Zustände für daraus resultierendes Verhalten entscheidend sind.

So wie beim Lernen im Gehirn neue neuronale Verbindungen entstehen, bilden sich in sozialen Systemen neue Interaktionsmuster.

Lernen in sozialen Systemen wie in Unternehmen ist schwer. Die Organisation bedeutet eine Festlegung von Verhaltens- und Interaktionsmustern. Sie schaffen ein Netz von Erwartungen, vereinfachen die täglichen Abläufe und erleichtern Entscheidungen. Lernen erfordert die Neudefinition, die Neugestaltung von Verhaltens- und Interaktionsmustern.

Neue Ereignisse, neue Informationen werden von bisherigen unveränderten Interaktionsmustern aufgegriffen und „handhabbar“, konform gemacht.

Die Einflußnahme von außen ist schwierig, da ein Mitwirken an den inneren Interaktionsprozessen für einen Externen nicht möglich ist. Massive Eingriffe ermöglichen zwar ein bestimmtes Ziel zu erreichen, aber dadurch beeinträchtigen sie oft die autopoietischen Prozesse oder zerstören sie, so daß das Unternehmen insgesamt geschwächt wird.

Lernen wird ausgelöst durch ein Ereignis, das als Information vom Gehirn oder einem sozialen System wie einem Unternehmen aufgegriffen wird. Von miteinander in Wechselwirkung stehenden Prozessen wird diese Information intern verarbeitet, indem sie mit intern vorhandenen Zuständen verglichen wird und sich auf Denken und Verhalten verändernd auswirkt.

So wie Wörter sich auf das Lernen des Individuums verändernd auswirken, so wird auch die Lernfähigkeit eines Unternehmens mit Hilfe von Sprache, durch Kommunikationen, die die Interaktionen verändern, beeinflußt. Entscheidend dabei ist die Bildung eines Bereiches gemeinsamer Begriffe, Denkweisen, Sprachmustern, die sich schließlich in Verhalten und Handlungen auswirken.

Ein Bereich gemeinsamer Denkweisen und Sprachmuster

Unter Lernen verstehen wir, daß ein Ereignis als Information die Interaktionen so verändert, daß Veränderungen im Denken und Verhalten die Folge sind. Durch ein äußeres oder inneres Ereignis ausgelöst, wird das Zusammenwirken im Unternehmen so verändert, daß die Fähigkeit zu wirkungsvolleren Entscheidungen und Handlungen gesteigert wird.

Wir haben gesagt, daß wir unter Unternehmen ein soziales System verstehen, das aus Mitgliedern besteht, die eine Organisation bilden. Dieses System bildet und erhält sich durch einen Bereich gemeinsamen Denkens, Kommunizierens und Handelns.

Das Lernen der Organisation geht dabei immer von seinen Mitgliedern aus. Grundlage für Lernen des Ganzen ist immer das Lernen des einzelnen, das sich als selbstorganisierender rückgekoppelter Prozeß darstellen läßt.

Ein Individuum begegnet einem Ereignis. Es macht es zum Gegenstand seiner Reflexion. Dies führt zu neuen Begriffen

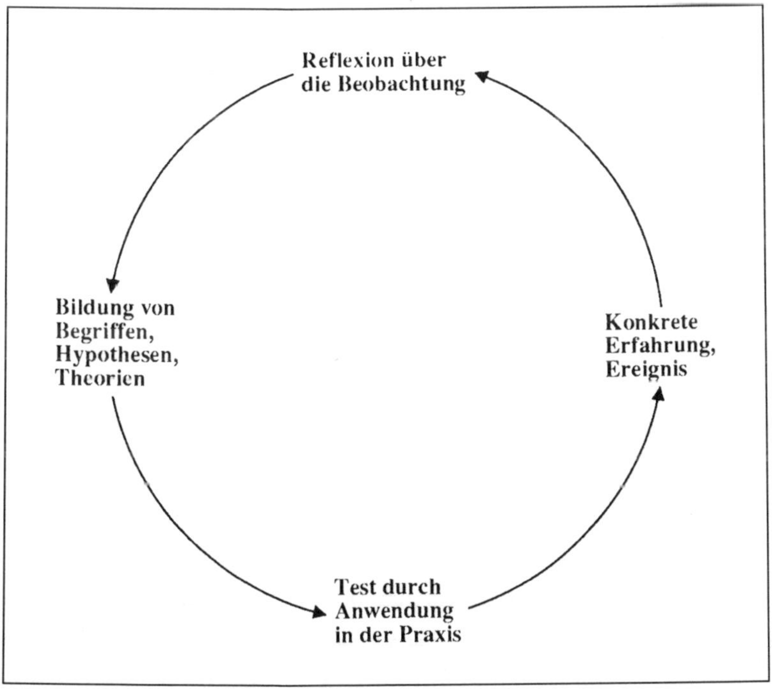

Kreisprozeß des individuellen Lernens

und Theorien, die auf konkrete Situationen angewandt werden. Bewähren sie sich, so führt dies zu einer neuen konkreten Erfahrung (Kim, 1993, 39 f.).

Reflexionen über Beobachtung und Theoriebildung im Verlauf der internen Verarbeitungsprozesse führen beim einzelnen zu Denkmustern (mental models). Es handelt sich um innere Vorstellungen über das Leben und die Welt. Sie haben einen machtvollen Einfluß auf das, was wir tun, weil sie das beeinflussen, was wir sehen. Denkmuster bedeuten das Weltverständnis eines Menschen. Sie bilden den Kontext, innerhalb dessen neue Erfahrungen interpretiert werden, und bestimmen auch, welche Bedeutung einer neuen Situation verliehen wird. So helfen sie uns nicht nur, der Welt, die wir sehen, einen Sinn zu geben, sie können auch unser Verständnis von ihr einschränken und entstellen.

Organisationen lernen durch ihre einzelnen Mitglieder und sind vom Lernen der einzelnen bestimmt. Die einzelnen Mitglieder schaffen durch ihre Interaktionen einen Schatz von gemeinsamen, von ihnen geteilten Denk-, Sprach- und Handlungsmustern (shared mental models). Diese definieren, was für ein Unternehmen wichtig ist, wie seine Entscheidungen getroffen werden sollen und welche Bedeutungen es seinen Erfahrungen zuschreibt. Sie bestimmen die Art und Weise, wie ein Unternehmen sich selbst, sein Umfeld und seine Aufgaben beurteilt (Kim, 1993, 44), und somit auch seine Chancen, sich im Markt zu behaupten.

Ein Unternehmen als soziales System lernt durch seine Mitglieder. Das individuelle Lernen bildet die Grundlage für das Lernen der Organisation. Das Lernen der Organisation beruht darauf, daß die Denkmuster der einzelnen Mitglieder in das Unternehmen als gemeinsame Denkmuster eingebettet wer-

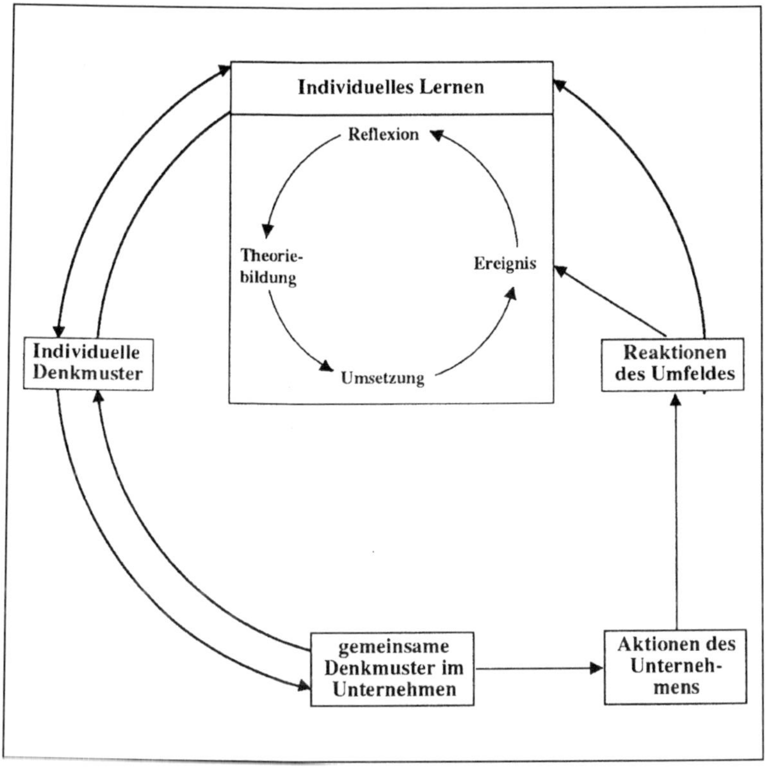

Kreisprozeß des Lernens eines Unternehmens

den und Entscheidungen und Handlungen des Unternehmens bestimmen.

Vielleicht erwarten Sie nun am Ende unserer Überlegungen eine Antwort auf die Frage, was denn nun die „richtige" Organisation für das lernende Unternehmen sei. Eine Organisation im Sinne von formalen und funktionalen routinemäßigen Vorgängen bildet sich im Verlauf einer langen Geschichte im Austausch mit dem Unternehmensumfeld und führt zur Identität des Unternehmens. In diesem Sinne gibt es viele richtige Organisationsformen. Entscheidend für das lernende Unternehmen ist: in der Organisation sind Hierarchie und laterale Vernetzungen institutionalisiert, an der Qualität des internen Zusammenwirkens wird gearbeitet, autonome Einheiten differenzieren sich heraus, die aber wieder integriert werden, und in den Unternehmensteilen ist die Idee vom Ganzen vorhanden, und die Teile können an der Idee des Ganzen mitwirken. Aber eine neue Organisation ohne neues Denken hat keine Chance, so daß manche aufwendige Neuorganisation das Unternehmen nicht in einen besseren Zustand führt.

Den Mitarbeitern geht es dann wie dem Indianer, der zum ersten Mal in einem Auto mitfuhr und schließlich aussteigen wollte, weil seine Seele nicht nachgekommen sei.

Wir haben gesehen, daß Lernen, Veränderung und Selbsterneuerung in Auseinandersetzung mit dem Umfeld aus Veränderung von Interaktionsbeziehungen, das heißt Denk-, Kommunikations- und Verhaltensmustern, bestehen.

Daran wird deutlich, von welcher Bedeutung das geistige Klima eines Unternehmens, sein geistiger Hintergrund, seine Philosophie und sein Kommunikationsstil sind.

Eine Lernen fördernde Organisation ist chancenlos, wenn sie nicht von einer Philosophie, von einer Denkweise unterstützt und verstärkt wird, die seinerseits Lernprozesse auslösen und intensivieren kann.

Zusammenfassung

Versuchen wir, den Gedankengang insgesamt nachzuvollziehen: Wir fragen nach einer Organisation, die so gestaltet ist, daß sie in einem Unternehmen intensive Lernprozesse auslösen kann.

Wir stoßen dabei auf den Begriff der Autopoiese im Sinne von Selbstorganisation, Selbsterschaffung, Selbsterneuerung. Er dient als Definition lebender Systeme, die durch ihre Lernfähigkeit besonders erfolgreiche Systeme sind.

Wir fragen, wie autopoietische Systeme aufgebaut sind, und nehmen unser Gehirn als Modell, das die Basis für die autopoietischen Prozesse unseres Bewußtseins bildet. Aus seinem Aufbau entnehmen wir die Bedeutung

- von Hierarchie und lateralen Vernetzungen,
- von autonomen Einheiten, die in das Ganze integriert sind,
- der Selbstthematisierung als kritische Bestandsaufnahme des eigenen Zustandes und Quelle der Selbsterneuerung,
- den Hinweis auf die Idee vom Ganzen, die das Handeln der Teile lenkt, die an der Erarbeitung dieser Idee vom Ganzen mitwirken und
- die Aufgabe, durch gemeinsame Reflexionsleistung ein inneres Bild der Außenwelt zu schaffen, um mit gebündelter Energie zielgerichtet handeln zu können.

Wir erkennen dann, daß Lernprozesse in unserem Gehirn und in sozialen Systemen wie Unternehmen auf ähnliche Weise ablaufen, nämlich durch Veränderung von Schaltkreisen im Gehirn und von Interaktionsbeziehungen im Unternehmen, und daß die Veränderung auslösenden Ereignisse auf mentaler Ebene immer eine sprachliche Form haben und aus Wörtern, Sätzen, Texten bestehen.

- Wir folgern, daß Lernen immer verbunden ist mit Veränderungen von Denk- und Kommunikationsmustern, individuellen Denkmustern oder gemeinsamen Denkmustern im Unternehmen.

Wir leiten daraus ab, daß es bei der Umgestaltung eines Unternehmens zu einem Lernunternehmen zunächst um eine neue geistige Einstellung geht, um neue Denkweisen, um eine Philosophie, die Lernen als Leitidee vermittelt.

Was lernen wir aus den bisherigen Erfahrungen?

Lernen in Unternehmen, was immer Veränderungen bedeutet, ist schwer. Eine Organisation hat sich ja über längere Zeit gebildet und dient auch dazu, Erwartungen zu stabilisieren, an denen dann festgehalten wird.

Die Leitidee „Macht" ist in hierarchisch organisierten Unternehmen stark ausgeprägt, so daß es nicht selten eher um Abgrenzung und Machterhalt geht als um das Unternehmenswohl.

Veränderung durch Außenstehende ist oft wenig wirkungsvoll. Sie nehmen nicht an den internen Interaktionsbeziehungen teil, deren Veränderung eben Lernen bewirkt, so daß Anregungen und Maßnahmen an alten Denkmustern scheitern. Wenn die Eingriffe von außen aber massiv und gewaltsam sind, dann können autopoietische Prozesse derart gestört sein, daß ein Unternehmen zum Sanierungsfall wird. Wird der Außenstehende aber in die Interaktionen integriert, dann gelingt dies, weil er die geltenden Denkmuster übernommen hat.

Es ist falsch, mit Um- oder Neuorganisation zu beginnen. Die Widerstandskraft der Schaltkreise und Interaktionsbeziehungen ist gewaltig. Ohne ihre Veränderung durch neue Denkmuster ist eine Neuorganisation wie ein Schlag ins Wasser.

Am Anfang muß ein Problembewußtsein entstehen und eine Vision künftiger Aufgaben und Chancen. Beides muß gemeinsam erarbeitet und vereinbart werden. Dieser Prozeß bietet die Gelegenheit, neue Denkmuster und Kommunikationsstile einzuüben. Schließlich können in der Organisation verschiedene Formen lateraler Vernetzungen institutionalisiert werden, wie Task forces oder Projektgruppen. Sie bearbeiten nicht nur bereichsübergreifende Themen, sondern üben gleichzeitig Teamarbeit.

Reflexionstagungen dienen dazu, über die Qualität der Zusammenarbeit, über Störungen und ungenutzte Chancen nachzudenken, also das Zusammenwirken im Unternehmen zum Thema zu machen, sich darüber kritisch auszutauschen und sich auf Maßnahmen der Verbesserung zu einigen.

Bei Strategietagungen geht es nicht darum, Daten abzuliefern, um daraus Strategien hochzurechnen, sondern in einer gemeinsamen Arbeit ein inneres Bild der Außenwelt des Unternehmens zu schaffen, um sich daraus auf ein zielgerichtetes gemeinsames Handeln zu einigen.

Nach dem Prinzip, daß Kultur nicht vermittelt werden kann, sondern sich entwickeln muß, kann die Leitidee des Unternehmens nur aus dem Unternehmen selbst entstehen. An ihrem Entstehungsprozeß gilt es, möglichst viele Menschen im Unternehmen in möglichst vielen bereichsübergreifend zusammengesetzten Gruppen zu beteiligen. Dabei ist nicht das Ergebnis, eine fertige Broschüre, sondern der Prozeß entscheidend, der keinen Abschluß findet, da es auch für die Leitidee keine endgültige Formulierung gibt.

Eine Organisation lernt durch Ereignisse, die im Bereich gemeinsamer Denkweisen und Interaktionen Veränderungen auslösen. In diesen Bereich gemeinsamer Denkweisen gilt es, neue Gedanken, neue Begriffe einzuführen, solche, die Lernen zur neuen Leitidee erheben. Dazu dienen Philosophien wie der kritische Rationalismus, der Konstruktivismus und die Postmoderne. Die Beschäftigung damit kann durch Teilnahme an Vortragsveranstaltungen oder an Seminaren bestehen, durch persönliche Lektüre, entscheidend ist nur die Reflexion der Unternehmenspraxis anhand dieser Gedanken.

Wie wir gesehen haben, vollzieht sich Lernen in Unternehmen immer auf der Basis des eigenen Lernens seiner Mitglieder. Insofern ist die kritische Reflexion eigener Denk- und Verhaltensmuster und ihrer Auswirkung auf andere unverzichtbare Grundlage von allem. Die Frage: „Inwieweit bin ich bei der Verfolgung meiner Ziele und der Erfüllung meiner Aufgaben anderen geeignete Umwelt?“ sollte sich jeder immer wieder stellen.

Die Umgestaltung eines Unternehmens zu einem Lernunternehmen ist nicht in wenigen Monaten durchzuziehen, sondern bedeutet einen Prozeß über Jahre, der nie zu einem Abschluß kommt.

2 Die Philosophie des Lernunternehmens

Bei der Umgestaltung eines Unternehmens zu einem lernenden System ist eine Organisation erforderlich, die Lernprozesse fördert. Es gelingt jedoch nicht ohne eine veränderte Denkweise, nämlich eine, die Lernen zur Leitidee erhebt, die als geistiges Klima Lernen und Veränderung immer wieder initiiert.

In jedem Unternehmen gibt es eine mehr oder weniger deutlich formulierte Philosophie und Kultur, die sich über eine Zeit hinweg bildet und nicht verordnet werden kann. Eine Philosophie des Lernens und der Veränderung bildet sich nur auf „sanfte“ Weise, über Meinungsbildner im Unternehmen, die sie sich zu eigen machen und sie als individuelle Denkmuster in den Bereich gemeinsamen Denkens und Kommunizierens einbringen.

Drei philosophische Strömungen unserer Zeit halte ich für besonders geeignet, Lernen als Grundeinstellung zunächst im eigenen Leben und dann im Unternehmen zu verankern. Es sind dies die Philosophie des kritischen Rationalismus, des Konstruktivismus und der Postmoderne. Durch ihre Begriffe und Gedanken schaffen sie einen Kontext der Offenheit für Veränderung, für Lernen und Weiterdenken. Es ist hier nicht der Rahmen, diese drei Philosophien umfassend darzustellen, miteinander zu vergleichen und kritisch zu ihnen Stellung zu nehmen. Es sollen nur die Aspekte aufgezeigt werden, die Lernen betonen.

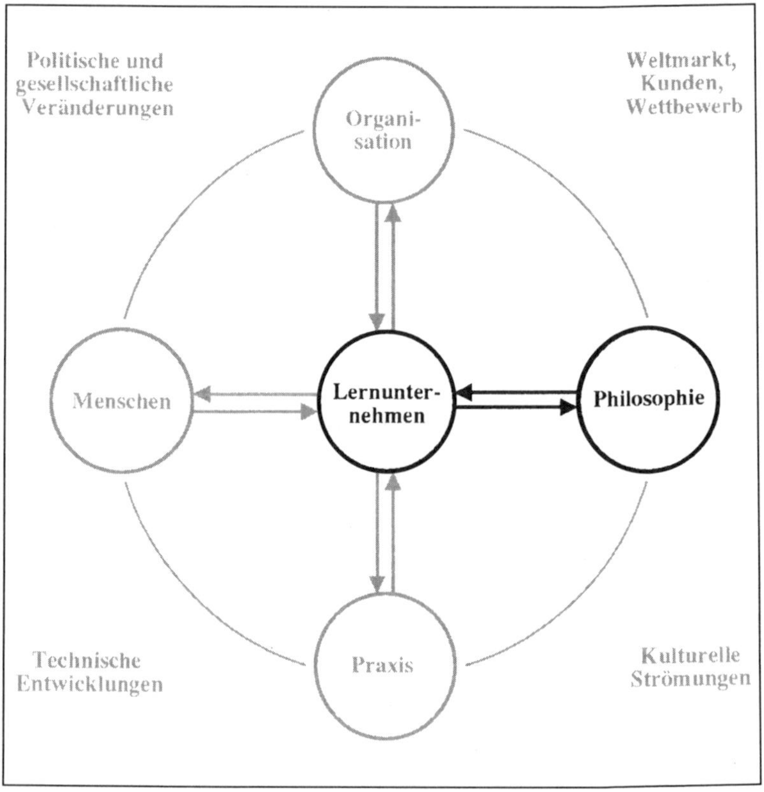

Das Lernen eines Unternehmens erfordert ein geistiges Klima, das Veränderungen fördert

Der kritische Rationalismus

Die These von Karl Popper lautet, daß niemand von uns im Besitz der Wahrheit ist, daß es Wahrheit gibt, so wie es etwas unabhängig von uns Existierendes gibt, daß wir uns ihr aber nur annähern können. Die Geschichte zeigt, daß das meiste von dem, was für Wahrheit gehalten wurde, sich schließlich als unzutreffend erwiesen hat.

Induktion bezeichnet eine Methode, die darin besteht, möglichst viele Einzelfälle zu beobachten und auf ihnen allgemeine Aussagen aufzubauen. Popper weist auf die Unzuläßlichkeit dieses Verfahrens hin, denn es genügt eine abweichende Beobachtung, um eine solche Aussage hinfällig zu machen. Außerdem erlaubt es die Logik nicht, aus einer noch so großen Zahl von einzelnen Beobachtungssätzen einen allgemeinen Satz abzuleiten.

Wenn wir also nicht beweisen können, daß eine Aussage wahr ist, so schlägt Popper vor, können wir doch überprüfen, ob sie nicht falsch ist. Wenn sich Theorien schon nicht beweisen lassen, so lassen sie sich doch wenigstens falsifizieren, das heißt prüfen, ob sie systematischen Widerlegungsversuchen standhalten. Gelingt es ihnen, diese Tests auszuhalten, so können sie als vorläufig für gültig gehalten werden. Die Annahme wahrer Sätze hingegen ermöglicht es, genügend Einzelfälle zu sammeln, die diese Sätze bestätigen. Es gäbe dann wenig Anlaß, „sie anzuzweifeln, geschweige denn, sie durch bessere zu ersetzen, und wir wären immer bei unserer ursprünglichen Aussage stehengeblieben" (Magee, 1986, 22 f.). Damit wäre auch das Lernen an sein Ende gekommen.

Da wir aber nie beweisen können, daß unser jetziges Wissen wahr ist, und immer die Möglichkeit besteht, daß es sich als falsch erweist, schlägt Popper ein anderes Verfahren vor.

Lernen und Wissen gehen „von Problemen aus und von Versuchen, sie zu lösen. Bei diesen Lösungsversuchen werden Theorien vorgeschlagen. Diese müssen über unser vorhandenes Wissen hinausgehen und daher von der Phantasie beflügelt sein. Je gewagter die Theorie ist, desto mehr sagt sie uns, und desto kühner ist auch der schöpferische Akt" (Magee, 1986, 22).

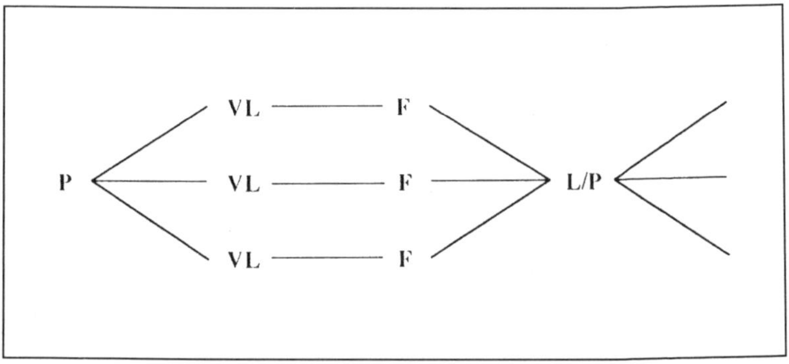

Problemlösung als Lernvorgang

Die vorgeschlagenen Theorien werden dann Widerlegungsversuchen ausgesetzt. Es wird versucht, sie zu falsifizieren, indem gefragt wird, unter welchen Bedingungen sie denn falsch sein könnten. Hält eine Theorie diesem Falsifikationsvorgang stand, dann erweist sie sich als vorläufig gültig.

Ausgehend von einem Problem werden kühne und phantasievolle vorläufige Lösungen (VL) entwickelt. Sie werden dann Widerlegungsversuchen ausgesetzt (Falsifikation). Hält eine These diesen Falsifikationsbemühungen stand, dann gilt sie als neue Lösung, neues Wissen, aber nur vorläufig, und stellt gleichzeitig ein neues Problem dar (L/P). Damit beginnt wieder ein neuer Problemlösungsvorgang. Fänden wir eine „wahre" Lösung, dann wäre eine Weiterentwicklung zu Ende. Weil wir immer nur „auf dem Weg zur Wahrheit" sind, deshalb gibt es immer wieder neue und bessere Lösungen, deshalb treibt es uns dazu, weiterzulernen und weiterzusuchen. Popper beschreibt diese innere Kraft zu mehr und besser als „die Aktivität, die Unruhe, die Suche, (die) wesentlich ist für das Leben, eine ewige Unruhe, das ewige Suchen, Hoffen, Finden, Entdecken, Verbessern, Lernen …" (Popper, 1984, II). Diese

Unruhe auf dem „Weg zur Wahrheit“, diese Suche nach der besseren Lösung gelingt nur,

- wo es möglich ist, Fehler zu machen und aus Fehlern zu lernen;

  „Alle menschliche Erkenntnis ist fehlbar und daher ungewiß.“

  „Daß Irren menschlich ist, das bedeutet, daß wir immer wieder gegen den Irrtum kämpfen müssen, aber auch bei größter Sorgfalt nie ganz sicher sein können, daß wir nicht doch einen Fehler gemacht haben.“

  „Die überwiegende Mehrheit unserer Theorien ist falsch. Die wichtigste Funktion der Beobachtung und des logischen Denkens, auch der intellektuellen Intuition und der Einbildungskraft liegt darin, daß sie uns bei der kritischen Prüfung jener kühnen Theorien helfen, die wir brauchen, um ins Unbekannte vorzudringen.“

  „Im Interesse der Wahrheitssuche und der Befreiung vom Irrtum müssen wir uns dazu erziehen, unsere eigenen Ideen ebenso kritisch zu betrachten wie die Ideen, gegen die wir kämpfen.“

- wo es möglich ist, aus Versuch und Irrtum zu neuen Erkenntnissen zu gelangen, ohne rechthaberisch an seiner Meinung festzuhalten;

  „Fortschritt in der Erkenntnis, Annäherung an die Wahrheit ist nur über Fehlschritte zu erreichen. Dies bedeutet statt angemaßtem Wahrheitsanspruch Offenheit für Kritik, die Bereitschaft, sich kritisieren zu lassen, der Wunsch, sich selbst zu kritisieren.“

  „Nur aus unseren Irrtümern können wir lernen, und nur der wird lernen, der bereit ist, die Irrtümer der anderen als

Schritt zur Wahrheit zu schätzen, und der nach seinen Irrtümern sucht, um sich von ihnen zu befreien."

- wo es möglich ist, Kritik zu üben, Meinungen in Frage zu stellen, auch die mächtiger Personen, vor allem aber die eigene, und wir bereit sind, uns kritisieren zu lassen. Wir entwickeln uns ja nicht ohne Rückmeldungen weiter. Ohne sie riskieren wir, vom „Weg zur Wahrheit" abzuweichen;

  „Rationalismus ist weiter nichts als die Überzeugung, daß wir durch Kritik lernen können – durch kritische Diskussion mit anderen und durch Selbstkritik."

  „Ein Rationalist ist also ein Mensch, der bereit ist, von anderen zu lernen, nicht dadurch etwa, daß er jede Belehrung einfach hinnimmt, sondern dadurch, daß er seine Ideen von anderen kritisieren läßt und daß er die Ideen anderer kritisiert."

- wo es möglich ist, zu akzeptieren, daß niemand, auch nicht der Weiseste, im Besitz der Wahrheit ist, so daß der Respekt vor der Meinung des einzelnen und Bescheidenheit als Haltung geübt werden;

  „Der rechte Rationalist will niemals überreden. Ja, er will eigentlich nicht einmal überzeugen. Er bleibt sich stets dessen bewußt, daß er sich ja irren kann. Vor allem aber achtet er die Selbständigkeit, die geistige Unabhängigkeit des anderen zu hoch, als daß er ihn in wichtigen Dingen überzeugen wollte; viel eher will er seinen Widerspruch herausfordern, seine Kritik. Nicht überzeugen will er, sondern aufrütteln, zur freien Meinungsbildung herausfordern. Die freie Meinungsbildung ist ihm wertvoll. Sie ist ihm nicht nur darum wertvoll, weil wir mit der freien Meinungsbildung der Wahrheit näher kommen, sondern auch darum, weil er die freie Meinungsbildung als solche respektiert. Er respektiert sie auch dann, wenn er eine Meinung für grundfalsch hält."

- wo es möglich ist, Stückwerksreform zu betreiben, Veränderung in kleinen Schritten, beständige Suche nach Fehlerausmerzung;

  „Der Stückwerksingenieur weiß, daß wir wenig wissen und nur aus unseren Fehlern lernen können. Er ist bereit, zu kritisieren und sich kritisieren zu lassen, dauernd nach Fehlern zu suchen, um frühzeitig kleine oder beginnende Fehler zu korrigieren."

- wo es möglich ist, großen Entwürfen, ganzheitlichen Lösungen und massiven Eingriffen gegenüber mißtrauisch zu sein, denn sie erweisen sich meist als falsch, oft erst, nachdem ihnen die Anliegen vieler untergeordnet worden sind.

  „Utopische Ideallösungen sind leere Versprechungen uneinlösbarer Vorstellungen und führen zu Totalitarismus …"

  „Wir sollen Wahrheitssucher sein, die mit intellektuellem Wagemut Vermutungen mit großem Aussagewert riskieren."

  „Wir sollen Weltverbesserer bleiben – aber bescheidene Weltverbesserer, immer eingedenk der unvermeidbaren Folgen unseres Eingreifens, die wir nie ganz voraussehen können." (Popper, 1984)

Popper schreibt: „Es entwickeln sich vor allem die aktiven Sucher und die Finder, die Entdecker neuer Welten und neuer Lebensformen" (Popper, 1984). Es sind Menschen, die ein Unternehmen zu einem lernenden Unternehmen machen.

Die Philosophie des Konstruktivismus

Die Philospophie des Konstruktivismus bezieht sich auf neuere Erkenntnisse der Neurologie und auf eine philosophische Tradition seit Kant, der sagt: „... daß der Verstand nur das sehen kann, was er selbst gemäß seinem Entwurf hervorgebracht hat" (Kant, 1787, BXI).

Das Gehirn hat keinen direkten Kontakt zu seinem Umfeld. Die Sinnesorgane bilden die Schnittstellen. Sie senden Signale über die Nervenzellen zum Gehirn. Diese Signale verlieren dabei ihren besonderen Charakter, so daß es nicht mehr entscheidend ist, von welchem Sinnesorgan sie ausgegangen sind, sondern nur von welchem Bereich des Gehirns sie mit Bedeutung versehen werden. Daraus folgt, daß unsere Wahrnehmung nicht mit Ereignissen der Umwelt übereinstimmt. Was wir wahrnehmen, sind konstruierte Eigenschaften, sind Bedeutungszuschreibungen (Roth, 1992, 277).

Auch die Philosophie bestätigt, daß wir keinen direkten Zugang zur uns umgebenden Wirklichkeit haben.

Bei jeder Aussage kann die Frage nach ihrer Begründung gestellt werden. Auch die Antwort ist eine Aussage, deren Begründung verlangt werden kann usw. (Jensen, 1994, 51 f.). Unser Wissen besteht also aus Sätzen, und über diese Sätze hinaus gelangen wir nicht, so daß wir über eine von uns unabhängig existierende Wirklichkeit keine Aussagen machen können. Die Welt, in der wir leben, die Wirklichkeit, in der wir handeln, ist eine von uns erzeugte Welt, eine sprachliche Welt, eine Welt von Bedeutungszuschreibungen.

Jensen vergleicht unsere Situation mit einem Dasein im Cyberspace, in welchem der Betrachter ein Teilnehmer einer künstlichen Welt wird, in der er immer mit selbst geschaffenen Zuständen zu tun hat. „Dies ist das Thema des Konstruktivismus: Geschlossene Kommunikation und die Unmöglichkeit, die Grenzen der Kommunikation zu durchbrechen. Luhmann sagt, über die Grenze der Sprache kämen wir nicht hinaus" (Jensen, 1994, 77). Cyberspace will sagen, daß wir in einer Innenwelt leben, zu der auch die Außenwelt gehört, die wir mit unseren sprachlichen Mitteln intern konstruieren, so daß die Grenze unserer Innenwelt wie ein Spiegel ist. Die scheinbare Außenwelt ist ein Teil der Innenwelt. Von außen können wir die Welt nicht betrachten, die Wirklichkeit liegt immer jenseits aller Sätze.

Worin erweist sich nun die Philosophie des Konstruktivismus als eine Philosophie des Lernunternehmens?

Wenn, wie Heinz von Foerster sagt, die Umwelt, wie wir sie wahrnehmen, unsere Erfindung ist, dann können wir uns nicht mehr auf „objektive" Tatsachen beziehen und darauf ausruhen. Dann gibt es keine letzte Erkenntnis und keine beste Lösung, es sei denn um den Preis der Erstarrung.

Wenn wir unsere Wirklichkeit selber durch unsere Bedeutungszuschreibungen schaffen, dann müßte die Verantwortung, die uns hier bewußt wird, in eine Unruhe versetzen, die uns ständig nach der „besseren Lösung" suchen läßt.

Wenn die Außenwelt nur Teil unserer Innenwelt ist und wir uns immer nur eigenen Sätzen gegenübersehen, dann weiß niemand, wie die Dinge wirklich sind, wie sich der Markt entwickelt, welches die bessere technische Lösung oder die fundiertere Strategie ist. Ob eine Lösung eher die bessere ist, hängt davon ab, ob sie sich in einem Kommunikationsprozeß dadurch als „viabel", als gangbar erwiesen hat, daß sie kritischen Überprüfungen standhalten konnte. Dies erfordert die Bereitschaft, miteinander und voneinander zu lernen.

Wenn es so ist, daß die Welt, in der wir leben, eine von uns geschaffene Welt ist und durch die Sätze, die wir über sie sprechen, von uns jeweils hervorgebracht wird, dann ist die Sprache nicht nur die Grenze unserer Welt, wie Wittgenstein sagt, sondern auch Möglichkeit, neue Welten hervorzubringen. Sie ermöglicht es uns, neue Sichtweisen aufzuzeigen, neuartige Perspektiven und Sinnzusammenhänge zu vermitteln. Mit ihrer Hilfe können wir neue Handlungsmöglichkeiten erfinden, neue Wirklichkeiten erschaffen, unserem Tun immer wieder einen neuen Sinn geben, so daß das Lernen immer weitergeht.

Als Gelegenheit, konstruktivistisches Denken zu üben, sei hier eine Geschichte von Heinz von Foerster angeführt (Segal, 1988).

„Das 18. Kamel oder die Erfindung der Welt"

Ein Mullah ritt auf seinem Kamel nach Medina; unterwegs sah er eine kleine Herde von Kamelen; daneben standen drei junge Männer, die offenbar sehr traurig waren. „Was ist Euch geschehen, Freunde?", fragte er, und der älteste antwortete: „Unser Vater ist gestorben." „Allah möge ihn segnen. Es tut mir leid für Euch. Aber er hat Euch doch sicherlich etwas hinterlassen?" „Ja", antwortete der junge Mann, „diese 17 Kamele. Das ist alles, was er hatte." „Dann seid doch fröhlich! Was bedrückt Euch denn?" „Es ist nämlich so," fuhr der älteste Bruder fort, „sein letzter Wille war, daß ich die Hälfte seines Besitzes bekomme, mein jüngerer Bruder ein Drittel und der jüngste ein Neuntel. Wir haben schon alles versucht, um die Kamele aufzuteilen, aber es geht einfach nicht." „Ist das alles, was Euch bekümmert, meine Freunde?" fragte der Mullah.

„Nun, dann nehmt doch für einen Augenblick mein Kamel, und laßt uns sehen, was passiert.“

Von den 18 Kamelen bekam jetzt der älteste Bruder die Hälfte, also neun Kamele; neun blieben übrig. Der mittlere Bruder bekam ein Drittel der 18 Kamele, also sechs; jetzt waren noch drei übrig. Und weil der jüngste Bruder ein Neuntel der Kamele bekommen sollte, also zwei, blieb ein Kamel übrig. Es war das Kamel des Mullahs; er stieg wieder auf und ritt weiter und winkte den glücklichen Brüdern zum Abschied lachend zu.

Zu dieser Geschichte meint Heinz von Foerster: „so wie das 18. Kamel, so braucht man Wirklichkeit als eine Krücke, die man wegwirft, wenn man sich über alles andere klar ist.“

Die Philosophie der Postmoderne

Unter der Philosophie der Postmoderne verstehen wir nicht den Beginn einer neuen Epoche nach der Moderne, sondern eine Geisteshaltung, die es schon vor der Moderne, vielleicht zu allen Zeiten gegeben hat. Mit ihr wollen wir uns beschäftigen.

Diese Geisteshaltung der Postmoderne lehnt jede Art von Ideologie, ganzheitlichen Entwürfen, umfassenden Konzepten ab, die mit Wahrheit und Dominanzanspruch auftreten. Lyotard deutet Postmoderne als die Botschaft vom Ende der Metaerzählungen, also vom Ende jeden Versuches, mit Hilfe einer ganzheitlichen Idee die Welt, die Zukunft und das Leben zu deuten, wie die Befreiung des Proletariats und der Verheißung der klassenlosen Gesellschaft im Marxismus, die Beglükkung durch Reichtum im Kapitalismus und die Lösung der Probleme durch Informationsmaximierung in unserer Zeit

(Welsch, 1991). Im Scheitern dieser ganzheitlichen Visionen sieht die Postmoderne die Befreiung, ihre gelungene Verwirklichung wäre ein Desaster geworden, hätte zur Totenstarre geführt. Zwar gibt es auch jetzt noch Totalitätsmodelle, Versuche, menschliches Leben und Denken einer Idee unterzuordnen. Postmoderne heißt, diesen Metaerzählungen keinen Glauben mehr zu schenken. Der Verlust von ganzheitlichen Weltinterpretationen, und somit der Verlust an Geborgenheit in einer umfassenden Idee, die gleichzeitig Sinn stiftete, hat bei vielen Menschen Trauer ausgelöst. Die Postmoderne hingegen sieht in dieser Auflösung der „Einheitsbande" einen Fortschritt an Freiheit für das Denken und das Leben.

Postmoderne tritt in offensiver Weise für Pluralität ein, für Pluralität des Wissens, der Lebensformen und der kulturellen Orientierungen. Sie bricht mit dem Streben nach Einheitlichkeit und der Sehnsucht nach Ganzheitlichkeit. „Ideen, die auf Totalität hoffen, können doch nur totalitär eingelöst werden" (Welsch).

Eine Grunderfahrung der Postmoderne ist, daß ein und derselbe Sachverhalt in einer anderen Sichtweise sich völlig anders darstellen kann und daß diese andere Sichtweise doch ihrerseits gleichermaßen legitim ist. „Fortan stehen Wahrheit, Gerechtigkeit, Menschlichkeit im Plural" (Welsch, 1987, 21). Die Postmoderne weiß, daß dies zu Konflikten führt. Doch ihre Aufgabe ist es nicht, einen Streit zu unterdrücken, sondern Formen zu entwickeln, die dazu dienen, diese Konflikte zu bewältigen oder auch, sie auszuhalten.

Die Postmoderne tritt ein für Vielheit statt Einheitlichkeit, Vielheit der Meinungen, Orientierungen und Lebensformen. Deshalb wird ihr Beliebigkeit vorgeworfen. Aber Postmoderne fordert als Ethik den einzelnen Entwürfen und Lebensformen die Anerkennung ab, daß es auch andere Entwürfe und Lebensformen gibt und daß sie von gleicher Legitimität sind. Damit ist nicht eine bloße Hinnahme gemeint, sondern grundsätzliche Anerkennung des anderen in seiner Andersheit.

Pluralität der Weltgesellschaft und das fehlende Einheitsband wirken sich auch auf die Persönlichkeit der Menschen aus, die in ihr leben. Welsch spricht vom Leben im Plural, wo unterschiedliche Überzeugungen im gleichen Menschen bestehen, mehrere Ansichten über den gleichen Gegenstand, die zu unterschiedlichen Urteilen führen.

Diese Pluralität des Umfeldes verlangt vom heutigen Menschen Pluralitätskompetenz als herausragende Eigenschaft. Er hat nur dann Handlungskompetenz, wenn er auf die Vielfalt eingehen und mit ihr umgehen kann. Er muß Unterschiedliches mit Gespür wahrnehmen und berücksichtigen können. Die Entschlossenheit von solchen, die alles nur nach einem Maß beurteilen, wird zum Zeichen der Inkompetenz. Hier sind Menschen gefragt, die vielheitsfähig und, ihres blinden Fleckes eingedenk, bereit sind, sich auf andere einzulassen und auch ihnen „Wahrheit" zuzuerkennen, und die nicht mit Absolutheit urteilen, also Menschen, die bereit sind, von anderen zu lernen und selber weiterzulernen.

Postmoderne Architektur

Die radikale Pluralität und die Absage an Globalideen lassen sich auch an einigen Beispielen von postmoderner Architektur aufzeigen.

Sie möchte nicht mehr nur für wenige elitäre Kenner da sein, sondern unterschiedliche Benutzer und Betrachter ansprechen.

Dies gelingt dadurch, daß sie mehrere Architektursprachen gleichzeitig verwendet, die elitäre und die populäre, die internationale und die regionale, die traditionelle und die avantgardistische, die hochtechnische und die handwerkliche. Dies trifft auf die Staatsgalerie in Stuttgart zu. Sie ist nicht nur Aufbewahrungsort für Kunst, sondern das Gebäude selbst spricht in der Pluralität von Formen, Stilen und Funktionen zum Betrachter.

In ausdrucksvoller Weise ist dies auch an der Pyramide im Innenhof des Louvre in Paris zu beobachten. Sie repräsentiert das Grabmal ägyptischer Pharaonen und dient jetzt als Mu-

Die Pyramide im Louvre

seumseingang. Sie ist mit modernster Technik konstruiert und verwendet regionales Material und traditionelle Verfahrensweisen. Sie ist in dieser Umgebung ein fremdes Stilelement und unterstreicht doch das Bisherige. So bedeutet postmoderne Architektur die Befreiung vom Zwang zu einer einheitlichen Stilrichtung und zu einer ungeahnten Freiheit des Denkens und Gestaltens.

Zusammenfassung

Wir haben Lernen als einen Vorgang beschrieben, der, ausgelöst durch ein äußeres oder inneres Ereignis, über Veränderung neuronaler und mentaler Interaktionen zu einer Änderung von Denk- und Verhaltensmustern führt.

Wir haben aufgezeigt, daß es nicht ausreicht, Lernprozesse in einem Unternehmen organisatorisch zu institutionalisieren, sondern daß eine Unternehmensphilosophie erforderlich ist, die es ermöglicht, Ereignissen solche Bedeutungen zuzuschreiben, daß dadurch Lernen und Weiterlernen gestärkt werden. Drei geistige Strömungen halten wir dafür für besonders geeignet, weil sie nicht wieder eine verbindliche, inhaltliche Lehre verkünden, sondern nur den Prozeß des Weiterdenkens betonen: den kritischen Rationalismus, den Konstruktivismus und die Postmoderne.

Hauptthese des kritischen Rationalismus ist, daß niemand von uns im Besitz der Wahrheit ist, sondern nur über Vermutungswissen verfügt. Wir können uns der Wahrheit, also realistischeren Lösungen, annähern, indem wir bereit sind, unsere Meinungen kritischen Widerlegungsversuchen zu unterwerfen, indem wir ein Milieu schaffen, wo es erlaubt ist, Fehler zu machen und durch Versuch und Irrtum zu lernen, wo alle sich um Kritikfähigkeit bemühen und bereit sind, zu kritisieren und sich kritisieren zu lassen. Damit ist gemeint, sich darin zu üben, auch liebgewordene Meinungen und Verhaltensweisen immer wieder aus kritischer Distanz zu betrachten, offen zu bleiben für Neues und weiterzulernen. Es soll ja immer weniger darum gehen, wer recht behält oder wer sich durchsetzt, und immer mehr um die „Suche nach der besseren Lösung".

Die Philosophie des Konstruktivismus betont, daß sich die Wirklichkeit immer „jenseits unserer Sätze" befindet, daß sie unsere Erfindung ist und wir deshalb immer nur mit unseren Bedeutungszuschreibungen zu tun haben. Daraus folgt, daß wir unser Handeln nie mit dem Verweis auf Tatsachen rechtfertigen können, sondern immer selber die Verantwortung tragen müssen. Dies bedeutet aber auch, daß wir durch äußere Fakten nicht festgelegt sind, sondern daß wir uns einer nahezu grenzenlosen Vielfalt von Lösungsmöglichkeiten gegenübersehen. Sie zu sehen ist also nicht eine Frage des Faktischen, sondern unserer Phantasie und unseres Mutes. Konstruktivismus als geistige Haltung bedeutet neue Perspektiven ausfindig zu machen, neue Möglichkeiten aufzuzeigen, also weiterzulernen und sich durch Fakten keine Grenzen zu ziehen.

Die radikale Bejahung des anderen, Fremden, Neuen ist das Anliegen der Postmoderne, nicht in beliebiger Weise, sondern in verpflichtender Gegenseitigkeit. Konstruktivismus bedeutet, Metaerzählungen aller Art keinen Glauben zu schenken, also allem, was mit Absolutheitsanspruch auftritt, auch in Form neuer Organisationskonzepte, Kostensparprogrammen, Kunden-Lieferanten-Beziehungen, Methoden der Strategieplanung oder Analyseinstrumenten. Als Denkweise eröffnet sich damit eine Freiheit des Denkens und Gestaltens, wie es die Menschen in ihrer Geschichte vielleicht bisher nicht gekannt haben, und inspiriert so zum Verändern und Weiterlernen.

Wir haben festgestellt, daß sich Kulturen und Philosophien nicht verordnen lassen. Aber man kann die Begriffe dieser Denkweisen einführen, das Interesse für sie wecken, Beispiele erfolgreicher Anwendung schildern. Kulturen, Philosophien lassen sich letztlich nicht beweisen, sondern müssen sich in der Praxis des gewöhnlichen Lebens, der alltäglichen Zusammenarbeit erweisen.

3 Die Praxis des Lernunternehmens

Die Organisation eines Lernunternehmens muß einige Grundbedingungen erfüllen: Hierarchie und laterale Vernetzung, Differenzierung in autonome Bereiche und ihre Reintegration in das Ganze, Reflexion als Quelle der Selbsterneuerung. Wir haben zwar gesehen, daß Organisationsänderungen manche Störungen beseitigen, gleichzeitig aber neue Probleme schaffen. Ohne Veränderung von Denkweisen und Verhaltensmustern geschieht nicht wirklich Neues. Dazu bieten sich philosophische Überlegungen an, wie sie der kritische Rationalismus, der Konstruktivismus und die Postmoderne vertreten. Sie betonen, daß niemand von uns im Besitz der Wahrheit ist. Unsere Theorien, Meinungen und Entscheidungen sind nur vorläufig gültig, so daß wir immer auf der Suche nach der besseren Lösung sind und mit Lernen nie ans Ende kommen. Dies insbesondere in einer Weltgesellschaft mit ihrer Vielfalt von Kulturen und Sinnsystemen, die uns eine ungeahnte Fülle von Freiheit des Denkens und Gestaltens eröffnet.

Aber Philosophie, so überzeugend sie sein mag, kann doch unverbindlich bleiben, ja sogar über eine Praxis, die ganz anders aussieht, hinwegtäuschen. Wir sehen ja nicht, was wir nicht sehen. Außerdem stellt sich oft die Frage, wie sich eine Idee in konkretes Handeln umsetzen läßt. Lernunternehmen muß aber ganz praktisch stattfinden und sich in der gewöhnlichen Zusammenarbeit bewähren.

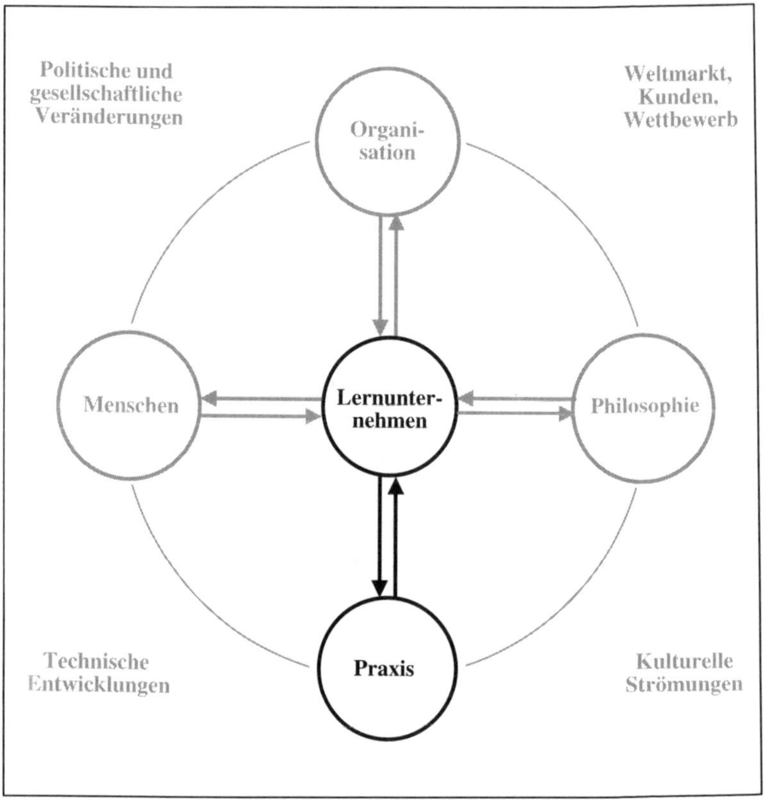

Die Praxis des Lernunternehmens

Kommunikation

Immer wieder habe ich in den letzten Jahren miterlebt, wie junge, hochqualifizierte Mitarbeiter in Unternehmen deswegen ihre beruflichen Ziele nicht verwirklichen konnten oder gar gescheitert sind, weil ihre Kommunikationsfähigkeit nicht ausgereicht hat. Wenn es so ist wie dargelegt, daß soziale Systeme, also auch Unternehmen, durch Kommunikation zustande kommen, dann ist Sprache ein wichtiges Werkzeug, bei der Bewältigung immer komplexerer Aufgaben ein immer wichtigeres. Die fachliche Qualifikation vorausgesetzt, kommt es vor allem auf die kommunikative Kompetenz an. Immer seltener ist es möglich, andere allein durch bloßes Anordnen oder Bevorzugen für besondere Leistungen zu gewinnen. Erst wenn dem Mitarbeiter sein Handeln einsichtig ist, ist er auch bereit, Ungewöhnliches zu leisten. Dies gelingt aber vor allem durch gewinnende und überzeugende Kommunikation.

Wir haben alle schon erfahren, was Worte bewirken. Wie verletzend ein Wort oder wie ermutigend ein Gespräch sein kann. Für ein Unternehmen ist die Kommunikation das, was das Nervensystem für den menschlichen Organismus ist. Es ist unerläßlich, sich um dieses Werkzeug Sprache intensiv zu bemühen, so wie wir in fachliche Weiterbildung investieren. Dies beginnt mit dem Wissen um einige Grundregeln des überzeugenden Redens und Argumentierens und erfordert eine Arbeit an sich selber. Einige dieser Grundregeln möchte ich hier anführen.

Die Überzeugungskraft einer Rede hängt davon ab, ob es dem Redner gelingt, eine dialogische Redesituation herzustellen, das heißt, so zu sprechen, daß seine Zuhörer während seiner Rede innerlich mitsprechen. Der Redner weckt von Anfang an ihre Aufmerksamkeit. Er spricht ihre Interessen an. Sie spüren, daß von ihnen die Rede ist, von ihren Anliegen und Motiven. Er spricht so, daß ihm seine Zuhörer leicht folgen können. Seine Rede ist übersichtlich gegliedert und seine Sätze sind verständlich. Durch seine Vortragstechnik sorgt er für Abwechslung, indem er laut und leise spricht, schnell und langsam, vor oder nach wichtigen Aussagen Pausen macht. Dies alles aber hilft nur, wenn der Redner authentisch spricht, das heißt, wenn das, was er sagt, mit dem, was er denkt und fühlt, übereinstimmt.

Rhetorik will nicht manipulieren, sondern mit dem Mittel der Sprache den besseren Argumenten zum Zuge verhelfen.

Um zu überzeugen, muß der Redner darauf achten, daß sein Redeziel nicht zu weit von der augenblicklichen Interessenlage seiner Zuhörer entfernt ist und daß er nicht zu lange redet, weil dies aggressiv stimmt. Er muß außerdem Methoden unfairer Dialektik erkennen, um sich gegen sie zu wehren, nicht um sie selber zu verwenden, denn mit ihnen hat man nur die Lacher auf seiner Seite – und immer mehr Gegner auf der anderen.

Gut argumentieren kann nur, wer gut zuhören kann. Dies ist eine ganz besondere Fähigkeit. Im Deutschen gibt es da feine Unterscheidungen: anhören, mithören, weghören. Zuhören bedeutet, von sich weggehen, auf den anderen zugehen, nur verstehen wollen, wie dieser denkt, fühlt, argumentiert, noch nicht sich die eigene Antwort ausdenken, solange der andere noch spricht, nicht Zeichen der Ungeduld senden, dazwischenreden oder unterbrechen.

Gut reden und argumentieren können reicht nicht aus, um andere Menschen mit dem Mittel der Sprache für die eigenen Ziele zu gewinnen. Eine Argumentationskette führt nicht zu einem letzten Argument, dem einfach jeder zustimmen muß. Es müßte ja ein „wahres" Argument sein. Wahrheit, das haben wir gesehen, ist nicht in unserem Besitz. Außerdem enthält ein Argument bei näherem Zusehen meistens auch sein Gegenargument, so daß es nicht nur eine Frage des Wissens, sondern auch der Phantasie ist, um nicht doch noch eine Ablehnung zu begründen. Zustimmung kommt zustande, wenn am Ende einer Argumentationskette der Zuhörer einem Argument des Redners ein größeres Gewicht gibt, weil es diesem gelungen ist, zu ihm eine gute Beziehung herzustellen.

Argumentation als Lernprozeß

Argumentieren in einem sozialen System wie einem Unternehmen trägt wesentlich zu seiner Lernfähigkeit bei. Argumentation wird dadurch in Gang gesetzt, daß versucht wird, strittige Fragen, Konflikte, Koordinationsprobleme gemeinsam und argumentativ zu lösen. Dies geschieht in Form von Besprechungen, bei denen Lösungen gesucht werden, denen alle zustimmen können.

Damit ein solcher Argumentationsprozeß erfolgreich sein kann, müssen die Beteiligten über gemeinsame Denkmuster, über eine gemeinsam akzeptierte Menge von Aussagen verfügen. Sie bilden die Grundlage einer Einigung über eine der möglichen Antworten auf die strittige Frage. Der Argumentationsvorgang besteht also darin, daß das, was zu Beginn strittig ist, mit Hilfe von gemeinsamen Denkmustern und Aussagen in etwas überführt wird, das für alle Gültigkeit besitzt.

Nach welchen Regeln läßt sich nun argumentativ die Auflösung einer Streitfrage erreichen?

Zunächst müssen die Teilnehmer in der Lage sein, von ihrer materiellen Situation, von ihrer geistigen und psychischen Verfassung her, zu widersprechen und dennoch ein gemeinsames Ziel zu verfolgen.

Sie müssen folgende Argumentationsformen beachten (Miller, 1986, 235 ff.):

- Aussagen, die unmittelbar akzeptiert werden;
- Aussagen, die nicht bestritten werden;
- Aussagen, die bisher akzeptiert waren, aber jetzt als widersprüchlich erkannt werden.

Argumentieren besteht nun darin, die eigene Überzeugung unter Verwendung dieser drei Aussageformen in das zu überführen, was für alle gültig ist.

Aus diesen drei Argumentationsformen besteht soziales Lernen, also auch gemeinsames Lernen im Unternehmen. Es besteht aus mentalen Prozessen zwischen den Argumentierenden, dadurch daß sie zwangsläufig mit den Problemen ihres Wissens und ihrer Argumente konfrontiert werden. Sie erfahren, ob ihre Argumente und welche davon akzeptiert werden, ob sie widerlegt werden oder Widerlegungsversuchen standhalten und ob sie in der Lage sind, in der Argumentation der Gegenseite Widersprüche aufzuzeigen. Um bei Argumentationen seine Überzeugung eher annehmbar zu machen, ist es erforderlich, Argumente zu bringen, die von den anderen akzeptiert werden, denen sie leicht zustimmen können, solche, die nicht zu widerlegen sind, gegen die sie nichts einwenden können, und in den bisher gültigen Meinungen Widersprüche aufzuzeigen.

Außerdem ist es wichtig, im Kontext einer beziehungsmäßig positiven Atmosphäre zu argumentieren, sich nicht durch Verwendung verletzender Sprachmuster unnötige Gegner zu schaffen, zu verhindern, daß eine Diskussion spannungsgeladen wird und die Gegensätze verhärtet. Schließlich müssen die Argumente auch gewinnend, logisch geordnet und übersichtlich vorgetragen werden.

Wenn folgende Bedingungen erfüllt sind:

- eine strittige Frage liegt vor;
- eine Gruppe versucht, sie argumentativ zu lösen;
- die Beteiligten versuchen, trotz sich widersprechender Interessen ein gemeinsames Ziel zu erreichen;

- es gelingt, eine gemeinsam akzeptierte Menge von Denkmustern und Aussagen zu finden, die als Basis dienen für eine Einigung auf eine der möglichen Lösungen;
- dabei werden die drei Argumentationsformen verwendet:
  - Argumente, die akzeptiert werden,
  - Argumente, denen nicht widersprochen wird,
  - Widersprüche in der bisher geltenden Meinung werden aufgezeigt;

dann handelt es sich um soziale Lernprozesse, weil

- durch die Regeln der Argumentation in den Beteiligten ein Bewußtsein für die Relativität des eigenen Wissens entsteht;
- ein fortschreitend höherstufiges Verständnis logischer Argumentation und damit eine fortschreitend höhere Urteilskraft entsteht;
- die Bewältigung von Interessengegensätzen und Veränderungen mit immer größerer Leichtigkeit und Kompetenz stattfindet.

Die Rationalität eines gemeinsamen Argumentationsprozesses wird durch drei Grundformen pathologischen Lernens beeinträchtigt oder gar verhindert (Miller, 1986, 428 ff.).

Autoritäres Lernen

Die Mitglieder einer Gruppe durchlaufen nur noch einen Lernprozeß, der mit dem Wissen einer unumstrittenen Autorität zusammenfällt. Die gemeinsamen Lernprozesse sind auf die individuellen Lernprozesse einer dominierenden Autoritätsperson reduziert.

Ideologisches Lernen

Innovative Erkenntnisse können nur innerhalb bestimmter Problembereiche entwickelt werden. Hinsichtlich anderer Problembereiche sollen zwar auch neue Einsichten gefunden werden, aber es steht von vornherein fest, daß bestimmte Antworten falsch sein müssen. Um die Gewißheit darüber nicht zu erschüttern, müssen Lernprozesse notfalls abgebrochen werden.

Regressives Lernen

Meinungen, Urteile, Zusammenhänge, Wertvorstellungen, die bisher unbestritten waren, werden hinfällig, und gemeinsame Lernprozesse werden rückgängig gemacht. Argumentative Auseinandersetzungen bleiben unentscheidbar und Kommunikationsprobleme können nicht mehr argumentativ gelöst werden. Dies führt zur allmählichen Aufhebung aller gemeinsamen Denkmuster und Aussagen und hat eine allgemeine Sinnentleerung und Desorientierung zur Folge. An die Stelle von Rationalität tritt Willkür (Miller, 1986, 436).

Gesprächsführung

In der Kommunikationstheorie (Watzlawick 1974, 53) heißt es, daß Kommunikation aus zwei Dimensionen besteht, einer inhaltlichen und einer beziehungsmäßigen. Immer wenn wir sprechen, tauschen wir Informationen aus, sprechen wir über Inhalte. Die Art und Weise, wie wir miteinander sprechen, bildet die Beziehungsebene. Diese bestimmt die Inhaltsebene. Von der Qualität der Beziehung hängt es ab, ob die Verständigung über Inhalte gelingt. Ein Mitarbeiter kommt zu einem Kollegen mit der Bitte um Erledigung eines Vorganges. „Das geht erst in einer Woche. Vorher ist dafür keine Zeit", ist die begründete Antwort. Etwas später kommt ein anderer mit einem ähnlichen Anliegen, das vom Kollegen sofort erledigt wird. Er ist bereit, aufgrund einer besseren Beziehung, dem anderen zuliebe eine zusätzliche Anstrengung zu unternehmen. Je mehr es gelingt, durch Kommunikation gute Beziehungen aufzubauen, um so eher sind Menschen bereit, eine zusätzliche Anstrengung aufzubringen. Warum ist dies so? Vielleicht gibt es hinter allen Interessen, die wir verwirklichen wollen, noch Grundbedürfnisse, deren Befriedigung uns immer ein höheres Anliegen ist. Die Vielfalt an Möglichkeiten, uns sprachlich auszudrücken, wäre gar nicht erforderlich, hätte sich gar nicht gebildet, wäre unser Anliegen nur die Sicherung unserer Existenz. Es geht uns immer um mehr, um Anerkennung, um Sicherheit, um Liebe. Es ist bekannt, daß manche die Meinung vertreten, nur unter Druck seien Menschen bereit, sich zu Spitzenleistungen zu steigern. Vielleicht, für kurze Zeit bestenfalls. Meine Erfahrung ist, daß Menschen, die anerkannt und angstfrei arbeiten können, über viel innere Energie verfügen und zu ungewöhnlichen Leistungen fähig sind. Es muß nur gelingen, diese Energie für das Unternehmen nutzbar zu machen.

Wir sind in unserer westlichen Welt sehr inhaltsorientiert und denken oft, Meinungsänderungen seien durch bessere Inhalte und fundiertere Argumentationen zu erreichen. Es ist aber so, daß Menschen eher bereit sind, ihre Meinung in inhaltlicher Hinsicht dann zu ändern, wenn sie auf der Beziehungsebene Anerkennung erfahren. Je mehr sie sich als Person akzeptiert fühlen, um so eher können sie ihre bisherige Meinung zugunsten einer neuen aufgeben.

Es ist eindrucksvoll, zu erleben, wieviel Wissen bei den Mitarbeitern über Störungen, ihre Ursachen und ihre Beseitigung, über ungenutzte Möglichkeiten und Chancen in einem Unternehmen vorhanden ist. Es kann aber nicht kommuniziert werden, wegen eines dominierenden und damit blockierenden Kommunikationsstiles einzelner. Abgesehen von ihren fachlichen Beiträgen, liegt die Aufgabe und Leistung von Beratungsinstituten oft nur darin, die gestörte Kommunikation wiederherzustellen.

Dominierendes Gesprächsverhalten bedeutet, daß ein Gesprächspartner versucht, durch seine Botschaften den anderen in die Sekundärposition zu bringen. Dieser spricht schließlich weniger; er beginnt, nur noch Verständnisfragen zu stellen, und äußert sich immer häufiger zustimmend, allerdings eher nachgebend als aus Einsicht.

Dominierendes Gesprächsverhalten läßt sich an der häufigen Verwendung folgender Sprachmuster erkennen:

- anordnen,
- belehren,
- Vorhaltungen machen,
- vorläufig Lösungen anbieten,
- lächerlich machen,
- disqualifizieren,
- Schuld zuweisen.

Wenn der andere nicht bereit ist, die Sekundärposition zu übernehmen, dann kommt es zu einer Situation, in der beide aus der Primärposition heraus miteinander sprechen. Jeder vertritt die eigene Meinung, argumentiert für sie, ohne sich mit der Meinung des anderen auf ernsthafte Weise zu beschäftigen. Beide Gesprächsstile sind für die Beteiligten nicht zufriedenstellend. Bei der dominierenden Gesprächsführung gibt es immer weniger kritische Rückmeldungen, so daß schließlich nur noch gesagt wird, was der andere hören will. „Hofberichterstattung“ nennen es die Mitarbeiter. Dies kann bis zum Wirklichkeitsverlust führen, mit hohen Schäden als Folge.

Bei der Gesprächsführung aus der Primärposition heraus ist eine Einigung nicht möglich. Denn die inhaltliche Kontroverse wird noch mit Beziehungsstörungen befrachtet. So kommt es, daß nötige Entscheidungen nicht zustande kommen und der Unternehmensprozeß wenigstens teilweise gestört ist.

Kommunikative Kompetenz besteht darin, daß man sich inhaltlich heftig, intensiv und kritisch auseinandersetzen kann, daß man miteinander streiten kann, denn es geht ja vor allem um „die bessere Lösung“. Aber es ist ein Streit in der Sache, der sich nicht gegen Menschen richtet. Dadurch wird es erleichtert, sich auch zu einigen. Das ist also mit Kommunikationsfähigkeit gemeint: sich auseinanderzusetzen und sich einigen zu können, sich streiten und sich versöhnen zu können. Autonomie und Versöhnungsbereitschaft gehören zusammen.

Menschliche Beziehungen und sprachliche Vielfalt sind von solcher Komplexität, daß wir sie nie beherrschen können, nie im Griff haben. Gespräche können immer mißlingen. Eine Hilfe ist dann die Metakommunikation. Sie besteht darin, daß das Gespräch über das Thema unterbrochen und über die Art und Weise gesprochen wird, wie bisher miteinander über dieses Thema kommuniziert worden ist. Dies erfordert die Bereitschaft, zu kritisieren und sich kritisieren zu lassen.

Um es nochmals zu sagen: Menschliche Beziehungen und sprachliche Vielfalt sind von solcher Komplexität, daß wir sie nie beherrschen können. Aber wir können uns ein tieferes

Verständnis für diese Vorgänge erwerben und die Grenzen unserer Sprache erweitern, so daß wir manches auch anders sagen können. Jedenfalls ist es eine lebenslange Aufgabe, sich um kommunikative Fähigkeiten zu bemühen.

Protokoll eines Gesprächs

Es folgt das Protokoll eines Gespräches, das von August Sahm stammt und von ihm nach einer realen Begebenheit verfaßt wurde. Dieses Protokoll bietet die Gelegenheit, eigenes Gesprächsverhalten zu überprüfen und sich durch Analyse die Gesprächsmuster bewußtzumachen, die vor allem Herr Saier verwendet.

Organisationsfachmann Saier stellt dem Betriebsleiter Kahstel ein neues Kontrollverfahren vor.

1. Saier: Also, Herr Kahstel, das ist das komplette Programm. Es ist sehr sorgfältig ausgearbeitet worden und gründlich getestet. Wir wissen genau, es funktioniert, und ich möchte, daß Sie es ausprobieren.

2. Kahstel: Ich weiß nicht recht, Herr Saier, das ist nicht so einfach. Dabei muß vieles bedacht werden.

3. Saier: Finden Sie nicht auch, daß es eine gute Sache ist?

4. Kahstel: Es ist zweifellos ein sehr interessantes Programm. Aber ich weiß nicht, ob ich es gerade jetzt gebrauchen kann. Wir stecken so in Arbeit, wir haben keine Zeit für Experimente.

5. Saier: Aber das neue Programm beansprucht sehr viel weniger Zeit als das bisherige, und Sie werden

sofort feststellen, daß Sie echte Einsparungen machen.

6. Kahstel: Mag sein, trotzdem muß ich mir die Sache reiflich überlegen.

7. Saier: Ich werde Ihnen die Vorteile nochmals erläutern, vielleicht war ich nicht deutlich genug. Passen Sie auf: Erstens ist das Programm auf Ihren Betrieb ausgerichtet, und zweitens werden Sie sofort mit einem Minimum an Mühe ein Maximum an Nutzen haben. Drittens macht sich ein so ausgewogenes Programm auf lange Sicht noch mehr bezahlt, und viertens hebt es Ihr Image.

8. Kahstel: Ich glaube, daß dieses Programm manche Vorteile bietet, aber ich glaube nicht, daß es in der Praxis ganz so vorzüglich funktioniert, wie es auf dem Papier steht.

9. Saier: Aber es steht doch nicht auf dem Papier! Es hat sich bereits in der Praxis bewährt, und zwar in Situationen, die mit Ihrer vergleichbar waren. Jeder, der das Programm ausprobiert hat, findet es großartig.

10. Kahstel: Nun, ich will auch nicht sagen, daß es nicht gut ist. Nur vielleicht nicht für mich.

11. Saier: Es gibt nichts Besseres für Sie. Sie werden es bereuen, wenn Sie sich nicht dazu entschließen.

12. Kahstel: Das Risiko muß ich auf mich nehmen.

13. Saier: Ich kann es einfach nicht begreifen, warum Sie die Sache ablehnen.

14. Kahstel: Falls ich meine Meinung noch ändern sollte, gebe ich Ihnen Bescheid.

Was fällt Ihnen auf, wenn Sie sich folgende Fragen stellen:

- Wie gestaltet Saier die Beziehungsebene zu Kahstel?
- Welche Sprachmuster verwendet er?
- Was unternimmt er, als sich ein Scheitern des Gespräches abzeichnet?

Gesprächsanalyse

Zu 1: Saier eröffnet das Gespräch, indem er die Primärposition für sich beansprucht. Auffallend sind seine massiven Formulierungen, die in eine Anordnung münden.

Zu 2: Kahstel antwortet zurückhaltend, aber nicht zustimmend. Er übernimmt nicht die Sekundärposition.

Zu 3: Auf den Vorbehalt von Kahstel antwortet Saier mit einer Suggestivfrage. Er nimmt ihn einfach nicht zur Kenntnis, zum Schaden der Beziehungsebene.

Zu 4: Daraufhin äußert sich Kahstel deutlich ablehnend, fast abfällig.

Zu 5: Saier antwortet darauf mit zwei inhaltlichen Argumenten, die nichts bewirken, da die Störung eher auf der Beziehungsebene liegt.

Zu 6: Kahstel lehnt ab.

Zu 7: Es wäre jetzt angebracht, wenn Saier den bisherigen Gesprächsverlauf ansprechen würde, also Metakommunikation praktizieren würde. Er könnte zum Beispiel sagen: „Herr Kahstel, ich glaube, daß wir kein gutes Gespräch geführt haben. Ich wäre Ihnen dankbar, wenn Sie mir sagen könnten, welche Fehler ich gemacht habe. Wenn Sie einverstanden sind, würde ich anschließend auch gerne die Störungen ansprechen, die ich empfunden habe. Vielleicht können wir beide daraus lernen." Statt dessen spricht Saier auf herablassende und belehrende Weise, er verwendet massive Formulierungen und versucht, weiterhin das Gespäch zu dominieren.

Zu 8: So kommt es, daß es weiter eskaliert. Kahstel greift jetzt auch die Qualität des Programmes an, das bisher außer Frage stand.

Zu 9: Daraufhin versucht Saier, seinen Gesprächspartner zum Außenseiter zu stempeln: „Jeder findet es großartig", und es ist leicht zu ergänzen: „Nur Sie nicht."

Zu 10: Daraufhin legt Kahstel sich auf eine Ablehnung fest: „... nicht für mich."

Zu 11: Saier spricht belehrend und droht.

Zu 12: Kahstel sieht sich in seiner Ablehnung bestätigt.

Zu 13: Saier erkennt nicht, daß Kommunikation ein zirkulärer Vorgang ist, bei dem das Verhalten des einen das Verhalten des anderen beeinflußt, so daß es nicht mehr sinnvoll ist, nach dem Verursacher zu fragen, sondern eher danach zu fragen, wie die beiden miteinander sprechen. Sich diese Prozesse bewußt zu machen, bedeutet, eigenes Verhalten zu erkennen, um daraus für weitere Gespräche zu lernen. Die Qualität der Kommunikation ständig zu verbessern, ist die Basis für Lernprozesse in Unternehmen.

Teamarbeit

Die laterale Vernetzung, die bereichsübergreifende Zusammenarbeit in verschiedenen Arten von Teams haben wir als ein Merkmal für die Organisation des Lernunternehmens bezeichnet. Weit verbreitet ist in Unternehmen allerdings die Klage über die vielen Sitzungen, der Aufwand an Zeit, der durch die oft dürftigen Ergebnisse nicht gerechtfertigt ist. Die Zusammenarbeit in Gruppen stellt die Vernetzung dar, welche ergänzend zur Hierarchie für den Unternehmensprozeß neue Impulse hervorbringen soll. Die effiziente Gruppenarbeit und die qualifizierten Ergebnisse dieser Arbeit sind unersetzbar. Die Schwierigkeiten im Umgang mit Gruppenprozessen führen dazu, daß Gruppenarbeit zunehmend formalisiert wird und das Ergebnis oberflächlich bleibt. Einige Grundregeln sind zu beachten, um in Gruppen effizient zusammenzuarbeiten.

Die Gruppenzusammensetzung

Eine Gruppe muß aus Teilnehmern bestehen, die zum Thema der Sitzung inhaltlich etwas beitragen können. Dies ist nicht so selbstverständlich, wie es den Anschein hat. Manche kommen nur als Verhinderer zu Sitzungen. Sie leisten keinen

Beitrag zum Thema, sondern wachen nur darüber, daß nichts besprochen oder entschieden wird, was nicht ihren Interessen entspricht. Sie brauchen die Sitzung nicht vorzubereiten und können gleich in die nächste gehen, denn sie brauchen auch nichts nachzubereiten.

Die Zahl der Teilnehmer sollte so sein, daß in der zur Verfügung stehenden Zeit jeder mit jedem reden kann. Um eine Zahl zu nennen: nicht mehr als zwölf, nicht weniger als fünf, damit eine gewisse Vielfalt der Beiträge gewährleistet ist.

Noch immer finden Sitzungen statt mit zwanzig und mehr Teilnehmern. Es werden Statements abgegeben, um zu informieren. Diese Informationen sind oft schon bekannt oder sind besser nachzulesen. Das Anliegen der Sitzung, nämlich miteinander anläßlich des Informationsaustausches ins Gespräch zu kommen, findet dann nur auf formaler Ebene statt. Inzwischen haben sich vielfach Sitzungsrituale und „liturgische" Vorschriften herausgebildet. Eine gute Übung besteht darin, das Besprechungsergebnis gelegentlich mit den Kosten der Sitzung zu vergleichen, indem die Gehaltskosten der Teilnehmer bezogen auf die angewandte Zeit zusammengerechnet werden.

In einem Lernunternehmen ist erfolgreiche Teamarbeit ein entscheidender Erfolgsfaktor. Worin besteht sie? Wie kommt sie zustande?

Wenn die Gruppe fachlich und zahlenmäßig richtig zusammengestellt ist, dann ist es richtig, um den Zusammenhang zu wissen zwischen Gruppenleistung und Gruppenzusammenhalt.

Gruppenleistung und Gruppenzusammenhalt

Der Gruppenzusammenhalt bedeutet, daß sich die Teilnehmer mit dieser Gruppe, ihren Aufgaben und ihren Mitgliedern besonders identifizieren. Dies gelingt nicht, wenn manche Teilnehmer sehr vielen Gruppen angehören. Vielfach sind dieselben Leute in vielen Sitzungen dabei, aber wichtig ist, daß viele Mitarbeiter in vielen Gruppen mitarbeiten.

Der Gruppenzusammenhalt als Basis für die besondere, gruppenspezifische Leistung kann durch die Art der Gruppenleitung gefördert oder behindert werden. Es gibt viele Diskussionsleiter, die versuchen, die Diskussion sowohl inhaltlich als auch formal zu dominieren. Auf diese Weise kommt Teamarbeit gar nicht zustande, die Teilnehmer bleiben passiv. Mit der Diskussionsleitung dürfen nicht Menschen betraut werden, die Geltungsprobleme bewältigen müssen, denn diese Aufgabe verlangt ein beachtliches Maß an Selbstlosigkeit. Sie ist Dienstleistung im wahren Sinn dieses Wortes. Anliegen des Diskussionsleiters soll es sein, dazu beizutragen, daß die Gruppe gut arbeiten kann, daß ein gutes Klima herrscht und zwischen den Teilnehmern eine gute Beziehung, daß jeder zu Wort kommt und jeder mit jedem reden kann, daß die gruppenspezifische Leistung möglich wird.

Die Aufgabe des Diskussionsleiters ist es, in das Thema einzuführen und die Aufgaben, die das Team zu bewältigen hat, zu klären. Anschließend leitet er die Diskussion durch Zusammenfassung der Beiträge. Immer wieder greift er ein, indem er in gestraffter Weise die verschiedenen Äußerungen wiedergibt, um der Gruppe gleichsam einen Spiegel vorzuhalten über den Stand der Diskussion und die noch zu leistende Arbeit in der noch zur Verfügung stehenden Zeit. Der Diskussionsleiter sollte selber nicht Partei ergreifen, da er sonst seine

Integrationsaufgabe bei einem Meinungsstreit nicht mehr erfüllen kann.

Um im Verlauf einer Diskussion den Überblick nicht zu verlieren, ist es hilfreich, sie zu strukturieren, indem folgende Gliederung eingeführt wird:

1. Zu Beginn wird das Thema definiert.
2. Es folgt dann eine Phase von Meinungsäußerungen zum Thema.
3. Aus ihnen werden Vorschläge erarbeitet.
4. Diese werden kritisch überprüft, um diejenigen herauszuarbeiten, die sich am ehesten eignen, die Aufgabe zu bewältigen.
5. Nach einer Entscheidung folgt die Planung der Umsetzung.

Zusammenhalt und Leistungsfähigkeit eines Teams hängen von den Denkmustern ab, die – mehr oder weniger ausgesprochen – die gemeinsame Meinung der Teilnehmer bilden. Hier gilt: „Ober sticht Unter", oder „Wir können erarbeiten, was wir wollen, entschieden wird anderswo", oder „Offene Diskussion ist nicht möglich". Ob berechtigt oder nicht, wenn solche Meinungen über einer Gruppenarbeit schweben, dann ist ihre Leistung stark beeinträchtigt.

Das Erlebnis der Teilnehmer, für die Gruppe wichtig zu sein, schafft ebenfalls Gruppenzusammenhalt. Die Mitglieder eines Teams müssen es immer wieder erleben, daß sie gebraucht werden, um das Gruppenziel zu erreichen. Sie erleben dies dadurch, daß ihre Beiträge aufgegriffen und ihre Einwände ernst genommen werden. Dazu gehört auch die Befriedigung persönlicher Erwartungen der Mitglieder, die wir definiert haben als Streben nach Anerkennung und Sicherheit. Es kostet viel Energie, wenn das Selbstwertgefühl eines Mitarbeiters vor

Kollegen verletzt wird. Für eine effiziente Gruppenarbeit ist es unerläßlich, daß zwischen den Teilnehmern einigermaßen positive Gefühlsbeziehungen herrschen, das heißt es muß für jeden in der Gruppe Teilnehmer geben, die er einigermaßen sympathisch findet. Deshalb ist es nicht unbedingt ein Zeichen von Effizienz, wenn es bei Teamarbeit keine Zeit mehr für persönliche Gespräche gibt, für ein gemeinsames Essen oder Gelegenheit für Begegnungen in anderem Rahmen. Vielleicht liegt eine Erklärung für das Versagen mancher Aufsichtsgremien in der letzten Zeit darin, daß ihre Mitglieder vielen Gremien angehören, sich nirgendwo richtig zugehörig fühlen, untereinander wenig Gefühlsbeziehungen haben und die Diskussionen sehr formalisiert verlaufen.

Anhand dieser Überlegungen können Sie jetzt Ihre eigene Praxis der Teamarbeit überprüfen, indem Sie sich folgende Fragen stellen:

Wie sind die Gruppen zusammengesetzt?

- Sind die Teilnehmer kompetent genug, um gemeinsam die gestellte Aufgabe zu bewältigen?
  - Sind es zu viele oder zu wenige Mitglieder?
  - Sind sie gleichzeitig in mehreren Gruppen engagiert?
  - Gibt es Verhinderer?
- Wie ist die Diskussionsleitung?
  - Gelingt es dem Diskussionsleiter, die Gruppenmitglieder miteinander ins Gespräch zu bringen?
  - Verläuft die Diskussion einigermaßen strukturiert, durch Zusammenfassungen und die Gliederung in fünf Schritte?
- Wie ist das Verhältnis von Gruppenleistung zu Gruppenzusammenhalt?

- Sieht der Diskussionsleiter seine Aufgabe darin, die Gruppe zu ihrer spezifischen Leistungsfähigkeit zu führen?

- Wie steht es um das Erlebnis der Gruppenzugehörigkeit bei den einzelnen Teilnehmern?
  - Gibt es die Gruppenarbeit behindernde Denkmuster?
  - Werden persönliche Bedürfnisse wie Anerkennung und Sicherheit immer wieder erfüllt?
  - Gibt es gruppeninterne Gefühlsbeziehungen?

Konfliktbewältigung

In der Organisation des Lernunternehmens gibt es viele Gelegenheiten für Konflikte, viele Situationen, in denen verschiedene Interessen aufeinanderstoßen. So ist zwischen Hierarchie und lateralen Vernetzungen eine duale Entscheidungsstruktur angelegt, um die unterschiedlichen Bestrebungen sichtbar zu machen und daraus originelle Lösungen abzuleiten.

Bei dem Vorgang der Differenzierung in autonome Teile und bei ihrer Reintegration in das Ganze, bei der Verfolgung von partikularen Interessen und ihrer Orientierung an der Idee des Ganzen kommt es zu komplexen Konfliktlagen. Je weiter die Differenzierung fortschreitet und die gegenseitige Abhängigkeit zunimmt, um so häufiger und belastender werden die unterschiedlichen Handlungsbegründungen.

In einem Lernunternehmen gehören Konflikte zum täglichen Geschäft. Sie sind Zeichen von Veränderung, Wachstum und Leben. Sie entstehen, wo neues Wissen zu neuen Interessen und neuen Zielen führt. In starren Systemen und totalitären

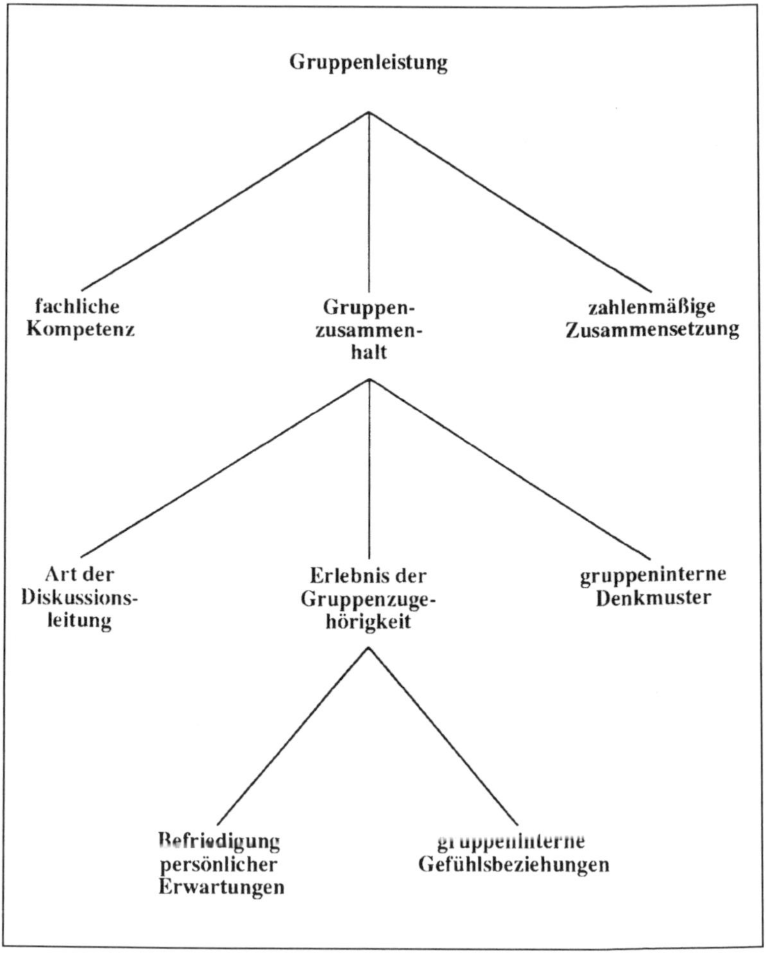

Gruppenleistung ist abhängig vom Gruppenzusammenhalt

Verhältnissen werden Konflikte nicht sichtbar. Das Spiel der Interessen bringt keine „besseren Lösungen" hervor. In Unternehmen, in denen Spannungen und Konflikte unterdrückt werden, sammeln sich immer mehr ungelöste Probleme an, es kommt zu einem Problemstau, der viel Energie kostet, die für

Aktivitäten nach außen fehlt. Ich denke dabei an Unternehmen mit einem erfolgreichen Produkt, hohem Ansehen am Markt, steigendem Umsatz, die aber keinen Gewinn erzielen, weil der Ertrag durch interne Störungen, spannungsgeladene Beziehungen und ungelöste Konflikte verbraucht wird.

Um Konflikte bewältigen zu können, ist es wichtig, zu ihnen eine positive Grundeinstellung zu haben. Sie sind Zeichen für Veränderung und entstehen notwendigerweise durch Lernprozesse, die ja auch veränderte Interessen bedeuten.

Es ist wichtig, einige Arten von Konflikten zu unterscheiden. So gibt es Konflikte, bei denen die Konfliktpartner von gemeinsamen Werten und Zielen ausgehen, die sie trotz Interessengegensätze verbinden. Solche Konflikte sind grundsätzlich lösbar. Wenn eine solche Gemeinsamkeit nicht besteht, dann ist Konfliktlösung schwer.

Es sind echte Konflikte von unechten zu unterscheiden. Bei echten Konflikten wird über etwas gestritten, was auch tatsächlich Konfliktursache ist. Wenn diese beseitigt ist, ist der Konflikt gelöst. Bei unechten Konflikten wird über etwas gestritten, was gar nicht eigentlicher Konfliktstoff ist. Das echte Konfliktthema wird nicht genannt und kann somit nicht bearbeitet werden, so daß die Spannungen so lange andauern, bis ihre Ursachen doch zum Vorschein kommen.

Sachliche und intellektuelle Konflikte können am ehesten bewältigt werden. Selten kommen sie in reiner Form vor. Sie sind oft auch mit Gefühlen verbunden. Bei emotionalen Konflikten ist mit großer Sorgfalt und Sensibilität vorzugehen. Am schwersten ist es, Konflikte zu bearbeiten, bei denen Wertvorstellungen, Normen und Traditionen im Spiel sind.

Wie lassen sich Konflikte bewältigen?

Auf der Basis einer positiven Einstellung zu Konflikten als Zeichen für Veränderung geht es zunächst darum, sich Klarheit über den Sachverhalt zu verschaffen, indem man die Ursachen des Konfliktes analysiert. Folgende Fragen können gestellt werden, um diese Klarheit anzustreben:

Der Sachverhalt

- Wer ist beteiligt?
- Welche Organisationseinheiten sind durch diesen Konflikt beeinflußt?
- Welches sind die unterschiedlichen Sichtweisen?
- Was haben die Beteiligten vor?

Die Analyse

- Was liegt dem Konflikt zugrunde?
- Welche firmeninterne Gründe spielen eine Rolle?
- Was ist sachbezogen und was personenbezogen?
- In welcher Verbindung stehen die Beteiligten zueinander?

Die Reflexion

- Welches ist meine Situation angesichts dieses Konfliktes?
- Kann ich das Verhalten der Beteiligten verstehen?
- Wo liegen Fehleinschätzungen oder Fehlverhalten der Beteiligten vor?
- Welches sind die weiteren Absichten der Beteiligten?

- Wie wird der Konflikt weiter verlaufen, wenn ich nicht eingreife?
- Mit welchen Widerständen muß ich beim Versuch der Konfliktlösung rechnen?

Verhalten bei Konflikten

Wenn Konflikte rechtzeitig wahrgenommen werden, können sie bearbeitet werden, bevor sich die Gegenpositionen verhärten, bevor sie zu andauernden latenten Spannungen führen und viel Energie kosten.

Konfliktgespräche sind sorgfältig zu führen, denn das Thema ist meist auch mit Gefühlen besetzt. Deshalb ist es wichtig, betont sachlich zu sprechen, keine spannungsverstärkenden Formulierungen zu verwenden und sich nicht zu verletzenden Äußerungen hinreißen zu lassen.

Wir haben festgestellt, daß Menschen eher bereit sind, inhaltlich ihre Meinung zu ändern, wenn sie auf der Beziehungsebene Anerkennung erfahren. Dies verlangt die Bereitschaft, sich nicht auf die eigene Position zu versteifen und sie stur zu vertreten, sondern sich auch in die Position der Gegenseite hineinzudenken, zu versuchen, auch daran das Positive zu erkennen. Auch hier gilt, daß niemand im Besitz der Wahrheit ist und sich jeder nur seinen Bedeutungszuschreibungen gegenübersieht.

Methoden der Konfliktbewältigung

Hier bietet sich das Verfahren der Problemlösung im Zusammenhang mit dem kritischen Rationalismus an.

Zunächst wird das Thema des Konfliktes definiert. Die Interessengegensätze werden genannt und eine Formulierung für sie gesucht, denen beide Seite zustimmen können. Dann werden versuchsweise Lösungen genannt, auch unannehmbare sind zugelassen, möglichst viele, in der Hoffnung, einige zu finden, die zustimmungsfähig sind. Dies ist der nächste Schritt: Die Vorschläge werden kritisch auf ihre Eignung hin untersucht, den Konflikt zu lösen. Im Verlauf eines Konfliktgespräches wird den Beteiligten bewußt, daß es nicht möglich ist, an Maximalforderungen festzuhalten.

Die Diskussion wird durch Zusammenfassungen strukturiert, die immer wieder den Stand der Diskussion aufzeigen, verdeutlichen, worüber man sich geeinigt hat, was noch kontrovers und was noch völlig offen ist. Wenn sich schwierige, verfahrene Situationen ergeben, dann kann Metakommunikation – also das Gespräch über das bisher geführte Gespräch – dem Gespräch wieder eine neue Richtung geben. „Wie haben wir miteinander geredet?“ „Was macht die Situation jetzt so schwierig?“ „Worauf können wir beim weiteren Gesprächsverlauf achten?“

Sie können die Gelegenheit nutzen, sich im Umgang mit Konflikten zu üben, was im Lernunternehmen eine wichtige Fähigkeit ist, indem Sie das bisher Angeführte auf eine Konfliktsituation Ihres Verantwortungsbereiches anwenden. Zunächst versuchen Sie, zu dem Konfliktgeschehen eine positive Einstellung zu gewinnen, indem Sie es als Zeichen für Veränderung betrachten.

- Was ist das Thema des Konfliktes?
- Welches sind die Interessengegensätze?
- Um welche Konfliktarten handelt es sich?

- Verbinden die Beteiligten noch gemeinsame Werte und Ziele?
- Handelt es sich um einen echten oder unechten Konflikt?
- Welche Konfliktdimensionen sind im Spiel?
- Ist es ein intellektuell-sachlicher, ein emotionaler oder wertmäßiger Konflikt?

Dann gilt es den Sachverhalt aufzunehmen, die Analyse durchzuführen und die eigene Position im Konfliktgeschehen zu bedenken. Anschließend findet das Konfliktgespräch statt. Im Anschluß daran könnten Sie den Konfliktlösungsprozeß reflektieren, so wie er bisher abgelaufen ist, dabei eigenes Verhalten kritisch bedenken, um daraus für das weitere Vorgehen zu lernen.

Wir haben Lernunternehmen beschrieben als ein komplexes System von autonomen Einheiten, die für den Erhalt des Ganzen unverzichtbar sind. Dies ergibt nicht selten Situationen, in denen sich bei gegenseitiger Abhängigkeit unterschiedliche Handlungsbegründungen gegenüberstehen. Wir haben ein ethisches Prinzip vorgeschlagen, um diese Situationen zu meistern, nämlich daß alle bei der Verfolgung ihrer autonomen Ziele gleichzeitig auch die Interessen der anderen mit berücksichtigen, also versuchen, „anderen geeignete Umwelt" zu sein.

Das Verfahren vielseitiger Abstimmungsprozesse

Das Verfahren vielseitiger Abstimmungsprozesse soll dazu dienen, Interessenkonflikte zu lösen und immer wieder gemeinsames, zielgerichtetes Handeln zu ermöglichen. Es besteht darin, daß in einer ersten Runde die autonomen Einheiten unabhängig voneinander ihre Interessen und Ziele definieren. In der nächsten Runde kommen alle Teile zusammen, tragen ihre Interessen vor und nehmen die der anderen zur Kenntnis. In der dritten Rund definieren die autonomen Einheiten ihre Interessen unabhängig von den anderen neu, indem sie die der anderen mitberücksichtigen. In der vierten Runde werden die einzelnen Positionen wieder vorgetragen und dabei aufgezeigt, in welcher Hinsicht die Anliegen der anderen einbezogen worden sind. Es ist also ein Verfahren, das einerseits die autonomen Interessen und andererseits die des Ganzen berücksichtigt, das in mehreren Schritten zwischen den Konfliktpartnern eine allmähliche Annäherung herbeiführt, das in einem Wechsel besteht von Besinnung auf die eigenen Interessen, Auseinandersetzung mit denen der anderen, ihre Berücksichtigung in der Neuformulierung der eigenen, erneute Gegenüberstellung der Positionen usw., bis eine Annäherung der Standpunkte erreicht wird, die gemeinsames und zielgerichtetes Handeln ermöglicht. Es ist eine Vorgehensweise, bei der die Teilnehmer lernen, über ihre Erkenntnisse und Interessen hinweg immer wieder neue Lösungen zu entwickeln.

Der Problemlösungsprozeß des kritischen Rationalismus

Im Zusammenhang mit dem kritischen Rationalismus haben wir auf einen Problemlösungsprozeß hingewiesen, der, von einem Problem ausgehend, versuchsweise Lösungen sammelt, sie kritischen Widerlegungsversuchen aussetzt, um zu einer vorläufigen Lösung zu finden. Diese Vorgehensweise betont die These, daß wir nie zu einer letzten, wahren Lösung gelangen und daß Lernen immer weitergeht.

Die Philosophien des kritischen Rationalismus und des Konstruktivismus betonen, daß wir nicht zu objektiven Erkenntnissen in der Lage sind. So sind Aussagen über Marktsituation und Prognosen künftiger Entwicklungen erst recht kein Abbild einer objektiven Wirklichkeit. Untersuchungen, Analysen und sonstiges Zahlenmaterial sind wichtige Hilfen für einen unternehmensinternen Lernprozeß, der darin besteht, daß er Informationen zu einem gemeinsamen inneren Bild der Außenwelt verarbeitet. Dieses gemeinsame innere Bild und seine gemeinsame Erarbeitung aufgrund von Ereignissen und Informationen erlaubt es, Interessengegensätze zu überwinden und mit gebündelter Energie Ziele in der Außenwelt, auf dem Markt, in der Gesellschaft, in der technischen Entwicklung, zu erreichen. Die Erarbeitung dieses inneren Bildes der Außenwelt ist Aufgabe des strategischen Managements. Tatsächlich werden aber „Strategiekonzepte in professionellen Stäben entwickelt, von der Unternehmensleitung beschlossen und mit ihrer Realisierung die darunter angesiedelten Leitungsebenen beauftragt" (Sattelberger, 1991, 23 ff.). Die „kollektive Weisheit" vieler Führungskräfte wird dadurch nicht genutzt, Lernprozesse werden nicht initiiert, ein gemeinsames Bild der Außenwelt wird nicht erarbeitet, und die Umsetzung ist von Widerständen und Blockaden begleitet.

„Strategische Methodik beziehungsweise strategisches Management" beschäftigt sich häufig nur mit ergebnisorientierten Fragen beziehungsweise Aufgaben, wie zum Beispiel:

- der Formulierung von Zielen,
- der Identifizierung von Stärken und Schwächen beziehungsweise Chancen und Risiken,
- der Entscheidung für eine Strategie,
- der Festlegung von Ressourcen.

Eher prozeßorientierte Fragestellungen, wie zum Beispiel

- das Schaffen von Veränderungsenergie,
- das Beschleunigen oder Verlangsamen von Veränderungsgeschwindigkeit,
- das Gestalten von Netzwerken des Wandels,
- das Einbeziehen von Meinungsmultiplikatoren,
- das Gewinnen von Zustimmung durch das mittlere Management,
- die emotionale Verinnerlichung von Neuorientierung,
- die Belohnung strategieorientierten Verhaltens,

treten in den Hintergrund“ (Sattelberger, 1991, 24). Die Erarbeitung des inneren Bildes der Außenwelt verlangt, auch Strategieentwicklung als Lernprozeß zu gestalten.

Action-oriented Strategic Management

Eine Methode strategischen Lernens im Lernunternehmen ist das „Action-oriented Strategic Management“ (Eden und Huxham, 1988, 889 ff.). Es besteht aus einer Serie von Workshops, „in der Manager unterschiedlichster Hierarchieebenen und funktionsübergreifend sich sowohl mit dem Gesamtkontext der Organisation als auch mit dem Kreieren und Evaluieren eigener strategischer Optionen und der von Wettbewerbern beschäftigen“ (Sattelberger, 1991, 30 ff.). „Unter Anwendung der Methode des ‚cognitive mapping‘ wird eine Landkarte mit Beschreibungen von Vergangenheit, Gegenwart und Zukunft der Organisation erstellt. Diese Landkarte ist quasi die zusammengefaßte Welt der Annahmen und Grundüberzeugungen mit strategischer Wirkung, die Manager konstruieren und innerhalb derer sie täglich operieren ... Durch solche Workshops wird eine Wissensbasis zum Unternehmenskontext aufgebaut, die sich aus dem Zusammenfügen der sich oft widersprechenden Sichtweisen der einzelnen Teilnehmer ergibt und die als Feedback in die kommenden Workshops und für die Unternehmensleitung einfließt. In diesen Feedback Sessions werden beispielsweise neue strategische Handlungsfelder definiert oder Wettbewerbsstrategien spielerisch entwickelt. Durch diesen Ideen- und Gedanken- und Erfahrungsfluß vertikal, horizontal und diagonal durch die Organisation werden sowohl Verständnis und Identifikation geschaffen als auch kreative neue Wege gefunden, die nicht durch Organisationskonformismus, selektive Wahrnehmung und Tunnelvision geprägt sind." (Sattelberger, 1991, 30 f.). Dieses Verfahren eignet sich deswegen für das Lernunternehmen, weil es die Vernetzung der autonomen Einheiten bewirkt, zu dieser dualen Entscheidungsstruktur zwischen Hierarchie und lateralen Instanzen führt und der Erarbeitung eines gemeinsamen inneren Bildes der Außenwelt dient.

Die Zukunftssuchkonferenz

Weisbord beschreibt die sogenannte „Zukunfts-Suchkonferenz". Dabei sollen Menschen lernen, „sich die Zukunft als einen Zustand vorzustellen, der bewußt aus den Werten, Visionen und dem, was technisch und sozial machbar ist, heraus zu schaffen ist". Es handelt sich also um eine Vorgehensweise, die die Strategie des Unternehmens und damit seine Zukunft aus diesem inneren Bild der Außenwelt heraus schaffen will. Eine Suchkonferenz läuft in vier Schritten ab (Sattelberger, 1991, 31 ff.):

- **Schritt 1: Blick zurück in die Vergangenheit**
  Die gemeinsame Vergangenheit wird unter drei Gesichtspunkten betrachtet: ich selbst, das Unternehmen, die Gesellschaft, und mit Hilfe von Anzeigen, Fotos, Zeitungsausschnitten, Symbolen dokumentiert.
- **Schritt 2: Die Gegenwart von außen und innen**
  Es werden äußere Ereignisse und Entwicklungen von zukünftiger Bedeutung analysiert, ebenso Vorgänge innerhalb der Organisation, so daß ein gemeinsames Bild der Stärken und Mängel in der Organisation entsteht.
- **Schritt 3: Zukunftsbilder**
  Es werden Bilder entworfen, Vorstellungen entwickelt und Szenarien beschrieben von einer „bevorzugten" Zukunft.
- **Schritt 4: Maßnahmenplanung**
  Vorschläge für die eigene Person, die jeweilige Funktion und die gesamte Organisation werden gebündelt und mit Prioritäten versehen.

Benchmarking

Benchmarking stellt eine weitere Möglichkeit dar, strategisches Lernen zu praktizieren. „Hier messen Unternehmen sich mit ihren klassenbesten Unternehmen ..." Benchmarking muß nicht im Vergleich mit direkten Marktkonkurrenten stattfinden. Unternehmen aus anderen Marktsegmenten beziehungsweise sogar branchenfremde Unternehmen können herangezogen werden.

Lernstrat-Workshops

Diese Vorgehensweise ist bei Unic entwickelt worden als eine neue Form aktiven Lernens, um Informationen zu bündeln und ihre Umsetzung zu gewährleisten (Simon und Tacke, 1991, 179 ff.).

Basis eines Lernstrat-Workshops „ist ein konkretes und aktuelles Problem eines Unternehmens ... Ziele sind sowohl das Erlernen von Konzepten und deren Anwendung als auch die Entwicklung von Lösungen für das konkrete Problem sowie die Umsetzung der Ergebnisse."

„Zentrales Element der Lernstrat-Workshops bildet die Gruppenarbeit. Diese Gruppen erhalten konkrete Aufgabenstellungen und werden von externen Moderatoren betreut." Der Moderator ist

- Dozent, der Wissen und Begriffe vermittelt;
- Sparringspartner, der erarbeitete Lösungen kritisch hinterfragt;
- Berater, der bei der Problemlösung aktiv hilft und berät.

Nach Möglichkeit können zu den Workshops auch Kunden eingeladen werden, so daß die Teilnehmer direkt von den Kunden lernen können.

In den Gruppen sollen möglichst viele Funktionen vertreten sein, so daß die verschiedenen Sichtweisen zum Zuge kommen. „Nach Abschluß der Gruppenarbeit werden die Ergebnisse im Plenum diskutiert. Die Diskussion im Plenum muß dann die Unterschiede zwischen den Einzelergebnissen beseitigen und zu einem Konsens führen. Ziel ist es, möglichst schon im Workshop konkrete Umsetzungsmaßnahmen zu beschließen und einen detaillierten Aktionsplan aufzustellen" (Simon und Tacke, 1991, 180).

Wenn sich herausstellt, daß ein Aktionsplan nicht umgesetzt wird, so ist dies eine Gelegenheit, unternehmensinterne Widerstände zu erkennen, was ein erster wichtiger Schritt ist, sie zu bewältigen. Dieses Verfahren sorgt dafür, daß Lernergebnisse nicht unverbindlich bleiben, die „Umsetzungslücke" geschlossen wird, das individuelle Lernen in gemeinsames Lernen übergeht, indem während des Prozesses gemeinsame Denkmuster erarbeitet werden.

Die Methode der acht Schritte

Diese Vorgehensweise stellt den Grundprozeß eines Lernunternehmens dar. Sie wird in den Unternehmen, die wir auf dem Weg dahin begleiten, praktiziert – und mit erstaunlichen Erfolgen. Sie ermöglicht es, viele Mitarbeiter einzubeziehen, um gleichzeitig lange und unergiebige Diskussionen zu vermeiden. Sie geht davon aus, daß es im Unternehmensprozeß ständig darum geht, Probleme zu lösen und Chancen zu nutzen, um einen Problemstau zu vermeiden, der ein Unternehmen ins Schlingern bringen kann. Sie besteht aus einer Folge von Einzelschritten, die durchlaufen werden müssen, um einen Prozeß zu einem erfolgreichen Ende zu führen. Sie führt vom persönlichen zum gemeinsamen Lernen im Unternehmen durch die Gruppenarbeit, bei der individuelle Kompetenz in die Bewältigung einer gemeinsamen Aufgabe einfließt.

Bei dieser Methode zur Problemlösung und Chancennutzung bearbeitet eine Gruppe nacheinander folgende acht Schritte:

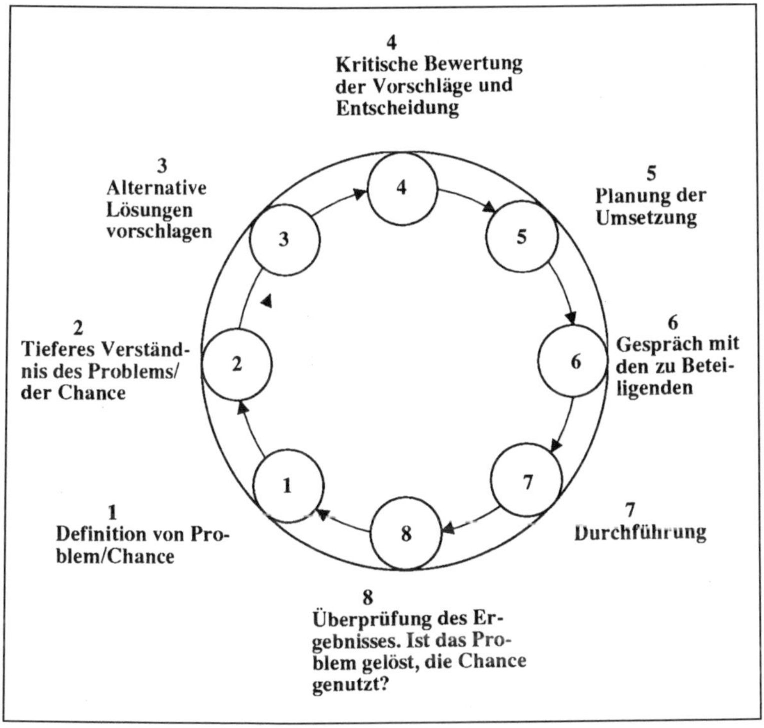

Die Methode der acht Schritte zur Problemlösung und Chancennutzung

Schritt 1: Definition von Problem oder Chance

Zu Beginn wird das Thema definiert. Die Einigung der Gruppenmitglieder auf eine gemeinsame Formulierung des Themas ist bereits ein wichtiger Schritt zur Gruppenbildung; außerdem erleichtert sie die Diskussion, die dann eher themenzentriert verläuft. Alle Teilnehmer notieren sich am Ende dieses Schrittes die genaue Formulierung des Themas.

Schritt 2: Tieferes Verständnis des Problems oder der Chance

Die Neigung ist stark, nach der Definition des Themas gleich Lösungen vorzuschlagen und diese kritisch zu diskutieren. Diese frühen Vorschläge sind meistens bekannte und entweder nicht realisierbar oder nicht konsensfähig. Ihre Diskussion führt oft zu sich blockierenden Positionen. In diesem zweiten Schritt wird von den Teilnehmern verlangt, sich gründlich in das Thema hineinzudenken. So können sie sich an den Ort begeben, wo das Thema vorkommt, und sich das Produkt vorführen lassen, bei dem ein technisches Problem vorliegt, oder sie können eine Untersuchung in Auftrag geben. Je gründlicher das Problemverständnis ist, um so leichter gelingt es, es zu lösen. Außerdem ist es wichtig, das Problem oder die Chance, die sich eine Gruppe als Thema gegeben hat, in Zahlen zu fassen (Zeiten, Kosten, Ausschußquoten, Qualitätsquoten). Um so eher sind andere bereit, bei der Lösung mitzuwirken. So ist es ein Unterschied, zu argumentieren: „Für dieses Produkt ist bestimmt ein Markt vorhanden", oder „Wenn wir annehmen, daß jeder zehnte Schreiner dieses Gerät kaufen würde, ergäbe sich ein Absatzvolumen in drei Jahren von 10 000 Stück, entsprechend einem Umsatz von 4 Millionen DM und einem Deckungsbeitrag von 1,5 Millionen DM" (Weiß, 1992, 8 ff.).

Schritt 3: Alternative Lösungen entwickeln

Wenn das Thema klar definiert und sein tieferes Verständnis erarbeitet worden ist, dann geht es jetzt um mögliche Lösungen.

Es gibt in Gruppen ein Verhaltensmuster, das für originelle Beiträge verhängnisvoll ist: Ein Teilnehmer bringt einen Vorschlag, ein anderer beweist, warum dies nicht geht. Wenn dieser Vorgang wiederholt abläuft, dann vergeht die Bereitschaft zu kreativen Beiträgen gründlich.

Das Instrument für kreative Beiträge ist das Brainstorming. Es besteht darin, daß rationales Denken von Phasen assoziativen Denkens abgelöst wird. Dabei tauchen in unserem Bewußtsein Bilder und Ideen auf, die unserer kritisch-rationalen Instanz – und vor allem der der anderen – nicht unter die Augen trauen. Sie werden verdrängt und vergessen. Prinzip des Brainstormings ist es aber, assoziatives Denken nutzbar zu machen für kreative Gedanken, die zu originellen Lösungen führen, die über den Erfolg entscheiden. Standardlösungen sind schon vielfach realisiert worden. Sie bringen keinen entscheidenden Vorteil mehr.

Da wir, wie uns die Philosophie lehrt, keinen Zugang zur objektiven Wirklichkeit haben und Tatsachen uns daher auch keine endgültigen Grenzen ziehen können, deshalb gibt es für ein Problem oder eine Chance eine Fülle von Lösungsmöglichkeiten. Wenn wir uns zu früh auf eine Lösung stürzen, sehen wir die Vielfalt anderer Lösungen nicht mehr. Deshalb sollten wir uns fragen, bevor wir aufhören, nach Lösungen zu suchen, ob es denn nicht doch noch ganz andere, viel bessere Lösungen gibt.

Wenn es schon schwer ist, ein richtiges Brainstorming zu veranstalten, weil die eigene und die soziale Zensur zu streng sind, so sollten wir doch versuchen, uns Killerphrasen abzugewöhnen. Sie vermiesen die Freude an originellem Denken und an Veränderungen. Killerphrasen kommen oft in harmlosem Gewande daher und mit scheinbar objektiven Begründungen.

In Schritt 3 geht es darum, eine Atmosphäre freien Denkens herzustellen, in der man auch mit ungewöhnlichen Ideen und

Vorschlägen, ohne diese zu kritisieren, nach der besseren Lösung sucht.

Schritt 4: Kritische Bewertung der Lösungsvorschläge und Entscheidungen

Jetzt erst werden die Lösungsvorschläge kritisch überprüft. „Welche dieser vorläufigen Lösungen würde am ehesten das Problem lösen, die Störung beseitigen oder dazu dienen, die Chance zu realisieren?" Hier ist es wichtig, Vor- und Nachteile einer Lösung abzuwägen, die Kosten-Nutzenrelation zu prüfen, Chancen und Risiken zu bedenken. Die Bewertung der einzelnen Vorschläge verlangt eine gründliche Analyse. „Wie stehen denn Kosten und Nutzen beziehungsweise Chancen und Risiken im Verhältnis zueinander?"

Bei einer Kosten-Nutzenbetrachtung sind möglichst viele Daten zu sammeln, quantitative und qualitative, und in den Entscheidungsprozeß einzubeziehen. Je gründlicher die Analyse, um so leichter ist die Entscheidung. Dennoch gilt auch hier, daß wir über objektive Fakten nicht verfügen und wir unsere Entscheidungen dadurch fällen, daß wir einem Argument ein größeres Gewicht verleihen. Deshalb gibt es außer der sachlichen noch eine andere Dimension der Entscheidungsfindung in Gruppen.

Entscheidungen kommen zustande durch:

- *Abstimmung*
  Dadurch gibt es Mehrheit und Minderheit, Sieger und Verlierer. Je öfter Teilnehmer sich in der Minderheit befinden, um so schwächer wird ihr Gefühl der Gruppenzugehörigkeit.

- *Vorabsprachen*
  Einige Teilnehmer vereinbaren, daß sie gemeinsam eine Entscheidung durchsetzen wollen. Diese Absprache wird aber der Gruppe nicht mitgeteilt, ihre Gründe werden nicht offengelegt. Diese Vorgehensweise ist für eine Gruppenarbeit deswegen destruktiv, weil nun der Gruppenprozeß zur Findung einer „besseren Lösung" unterbrochen ist.

- *Scheineinigung*
  Sie kommt zustande, wenn die Diskussion mühsam verläuft, Gegenpositionen sich verhärten und eine Einigung nicht in Sicht ist. Statt mit Hilfe von Metakommunikation die Störungen offenzulegen und auf einer neuen Ebene das Thema wieder aufzugreifen, einigt man sich auf eine Formulierung auf dem niedrigsten gemeinsamen Nenner. Klar ist, daß solche Entscheidungen in der Praxis nicht bestehen können.

- *Dominanz eines einzelnen*
  Die Diskussion wird durch einen Teilnehmer dadurch dominiert, daß er entweder seine Macht einsetzt, um eine Entscheidung zu bevorzugen, oder durch sein Gesprächsverhalten andere Meinungen nicht zum Zuge kommen läßt. Einer Entscheidung, die auf diese Weise zustande kommt, fehlt bei der Umsetzung die Unterstützung der anderen Teilnehmer.

- *Koalitionsbildung*
  Eine Entscheidung wird getroffen, weil es sich in der Diskussion ergibt, daß zwei oder mehr Teilnehmer sich gegenseitig argumentativ unterstützen, so daß ihnen die anderen schließlich folgen. Man muß um diesen Vorgang der Koalitionsbildung wissen, da er Entscheidungsprozesse stark beeinflußt. Er bedeutet, daß man in Gruppenarbeit

wenig erreichen kann, ohne Verbündete zu haben, die sich der eigenen Argumentation anschließen. Manche Gruppenmitglieder agieren nur sachlich-inhaltlich, ohne sich darum zu bemühen, Verbündete zu gewinnen, die sie argumentativ unterstützen, und verstehen nicht, warum ihr „besserer" Vorschlag nicht aufgegriffen wird.

- *Konsensbildung*
  Aufgrund einer fachlich und beziehungsmäßig guten Diskussion findet eine Gruppe zu einer Entscheidung, der alle Mitglieder zustimmen können. Konsens heißt nicht, daß alle diese Entscheidung für die beste halten, sondern, daß es eine gute ist, die man akzeptieren kann, obwohl man eine andere bevorzugen wollte. Da aber die Beziehung untereinander derart ist, daß man auch mit seiner abweichenden Meinung respektvoll behandelt worden ist, kann man sich inhaltlich auf eine neue Position einlassen. Entscheidungen, die durch Konsens zustande kommen, haben die meisten Chancen, auch umgesetzt zu werden. Konsensbildung ist auch deswegen die vornehmste Art zu entscheiden, weil sie neue Lösungen ermöglicht, an die vorher keiner gedacht hat, und über die bisherigen Argumente und Meinungen hinausführt.

Wenn ein Team sich in das Thema hineingedacht, viele alternative Lösungen gesammelt, sie kritisch überprüft und mit Konsens sich für eine Lösung entschieden hat, dann ist es nahezu eine formale Angelegenheit, den Vorgesetzten einzubeziehen. Er hat sich mit dem Thema nicht so gründlich beschäftigt wie die Gruppe und auch nicht die Zeit, das Thema ähnlich systematisch zu bearbeiten. So trägt diese Acht-Schritte-Methode dazu bei, daß Führung immer weniger darin besteht, Entscheidungen zu treffen, sondern eher die Vorgehensweisen zu hinterfragen und auf verbindende, gemeinsame Denkmuster hinzweisen.

Schritt 5: Planung der Umsetzung

Jetzt stellt sich die Aufgabe, festzulegen, wer welche Tätigkeiten in welchem Zeitraum, mit welchen Mitteln und mit welcher Unterstützung wahrnehmen soll.

Schon einfache Änderungen verlangen, daß in mehreren Organisationseinheiten unterschiedliche Aufgaben wahrgenommen und aufeinander abgestimmt werden. Bei Änderungen, die das ganze Unternehmen betreffen, müssen von nahezu allen Führungskräften und Mitarbeitern Aufgaben übernommen und miteinander koordiniert werden. „Entscheidend für den Erfolg oder Mißerfolg der Realisierung einer Chance beziehungsweise der Lösung eines Problems ist in vielen Fällen die Planung der Umsetzung der einzelnen Schritte" (Weiß, 1992, 38). Dazu muß die Aufgabe in Teilschritte zerlegt werden, damit die Teilaufgaben in der richtigen Reihenfolge abgearbeitet werden und jeder weiß, was er mit welchen Werkzeugen und Methoden übernehmen soll.

Schritt 6: Gespräch mit den zu beteiligenden Personen

Um ein Problem lösen oder eine Chance nutzen zu können, ist die Mitwirkung vieler erforderlich, und je besser die Beziehungen untereinander, die Kommunikation miteinander sind, um so eher wirken sie mit, um so leichter sind sie für die Umsetzung zu gewinnen. Dazu ist es nötig, die Mitarbeiter in den Gesamtzusammenhang der Entscheidung einzuführen, damit sie den Weg nachvollziehen können, der dazu geführt hat. Sie sollen sich ja mit der Aufgabe voll identifizieren. Um sie dafür zu gewinnen, braucht es oft mehrere gute Gespräche, bei denen es auf Kommunikationsfähigkeit ankommt und die gut vorbereitet sein sollten.

Bei der Vorbereitung sind folgende Punkte zu beachten:

- Für welche Aufgabe möchte ich meinen Gesprächspartner gewinnen?
- Wie kann ich dafür argumentieren? Welche Gründe kann ich ihm nennen?
- Welche sachlichen Einwände könnte er anführen?
- Welche kann ich ausräumen, welche muß ich akzeptieren?
- Gibt es unausgesprochene Vorbehalte und Widerstände?
- Wie könnte ich mit ihnen umgehen?

Das Gespräch soll dazu führen, daß die Mitarbeiter Sinn und Zweck der Aufgabe erkennen und ihre Bedeutung erfassen, so daß sie sich für ihre Realisierung einsetzen.

Schritt 7: Durchführung

Wenn die an der Durchführung beteiligten Mitarbeiter vom Sinn und von der Bedeutung ihrer Aufgabe überzeugt sind, dann sind jetzt ihr Fachwissen und ihre fachliche Erfahrung gefragt. Außer Fachwissen und Können sind oft Ausdauer, Sorgfalt, Genauigkeit und Pünktlichkeit erforderlich.

Schritt 8: Überprüfung des Ergebnisses

Ist durch das Ergebnis der Durchführung der in Schritt 4 getroffenen Entscheidung das Problem gelöst, die Chance genutzt worden? Haben die Schritte 1 bis 7 die gewünschten Ergebnisse gebracht? Ist etwas besser geworden? Oder ist das Ziel nicht erreicht worden? Wo liegen die Gründe für das Scheitern oder die Abweichung? Ist das Problem nicht gelöst, die Chance nicht genutzt, dann sind die acht Schritte ein weiteres Mal durchzuarbeiten, aber nicht als simple Wiederholung, sondern auf einem höheren Niveau, weil mehr Erfahrungen vorliegen, aus denen gelernt werden kann. Jetzt sind andere Lösungsvorschläge zu suchen, ein besserer Umsetzungsplan ist zu erstellen, auf eine qualifiziertere Durchführung ist zu achten (Weiß, 1992, 43).

Die Methode der acht Schritte stellt eine Vorgehensweise dar, die, wenn sie im Unternehmen verbreitet ist und praktiziert wird, zum Wesen des Lernunternehmens führt.

Wir haben festgestellt, daß ein Unternehmen dann ein autopoietisches, das heißt lernfähiges System ist, wenn es aus Kommunikationsvorgängen besteht, die Entscheidungen hervorbringen. Die Bildung von Teams, die nach diesen Schritten arbeiten, fördert sowohl Kommunikation als auch Entscheidungen, die aus ihr hervorgehen.

Wir haben die Bedeutung der Zusammenarbeit in Gruppen betont, wenn sie bereichs- und funktionsübergreifend zusammengesetzt sind. Sie führt zur dualen Entscheidungsstruktur zwischen Hierarchie und lateralen Vernetzungen als wesentliches Organisationsmerkmal des Lernunternehmens.

Wir haben auf den Zusammenhang zwischen individuellem Lernen und dem Lernen im Unternehmen hingewiesen, das vor allem durch die Erarbeitung gemeinsamer Denkmuster geschieht. Bei der Gruppenarbeit in diesen acht Schritten fließt das Wissen der einzelnen Teilnehmer in den Gruppenprozeß ein und schafft durch die Erarbeitung von Entscheidungen gemeinsame Denkmuster, die sich wieder verändernd auf die einzelnen und die Aktionen des Unternehmens auswirken.

Wir haben von der Philosophie des kritischen Rationalismus erfahren, daß sich die großen ganzheitlichen Lösungen meistens als falsch erweisen und daß die Stückwerksreform, die Veränderung in kleinen Schritten, die „Suche nach der besseren Lösung" unserem Erkenntnisvermögen eher entsprechen.

Die Acht-Schritte-Methode eignet sich für große und kleine Aufgaben. Sie werden in Schritten aufgearbeitet, sorgfältig abgestimmt, und ihre Umsetzung wird detailliert geplant. Es handelt sich also um eine „Stückwerksreform" im Sinne des kritischen Rationalismus.

Wir haben uns im Zusammenhang mit der Philosophie des Konstruktivismus bewußt gemacht, daß unserem Denken und Suchen durch Fakten nahezu keine Grenzen gesetzt sind und daß wir uns einer fast unendlichen Vielfalt von Möglichkeiten gegenübersehen, die wir nur zu nutzen brauchen. Die Methode der acht Schritte will diese Freiheit des Denkens und diese Fülle von Lösungsmöglichkeiten nutzen, indem sie vorschnelle, oberflächliche und gewöhnliche Lösungen verhindert und originelles Denken (siehe Schritte 2 und 3) fördert.

Wir sehen die Arbeit in den Gruppen nach den acht Schritten als einen Lernprozeß, bei dem das Unternehmen sich selbst und sich aus sich heraus immer wieder neu erschafft. Damit erfüllt diese Vorgehensweise eine Bedingung dessen, was ein Unternehmen zu einem lernenden System verändert.

Total Quality Management als umfassender Lernprozeß

„Es gibt wenig Vorhaben, die so umfassend auf Veränderungen in allen Unternehmensbereichen und auf allen Hierarchieebenen abzielen und die Unternehmenskultur so nachhaltig beeinflussen wie das Total Quality Programm“, schreiben Mollenhauer und Ring (1990, 128).

Lernunternehmen und Total Quality Management gehören zusammen und fördern sich gegenseitig. TQM faßt die verschiedenen Lernprozesse unter dem Qualitätsthema zusammen und verlangt den Einsatz von Fähigkeiten, die im Lernunternehmen unerläßlich sind, wie Kommunikation, Teamarbeit, Argumentationstechnik. Das Lernunternehmen verhindert, daß TQM zu einem bloß methodischen Vorgang wird, überfrachtet mit instrumentellen Vorschriften, sondern getragen von dem geistvollen und unruhigen Suchen „nach der besseren Lösung“.

TQM ist eine Vorgehensweise, die möglichst viele Menschen im Unternehmen, aller Ebenen und Funktionen, zusätzlich und ergänzend zur Hierarchie an der Weiterentwicklung des Unternehmens beteiligen möchte. Sie bietet dazu die Methode der acht Schritte an, so wie Instrumente zu ihrer Ergänzung. Sie will aus der Gesinnung der „Suche nach der besseren Lösung“ Probleme lösen und Chancen nutzen, um die Selbsterneuerungskräfte des Unternehmens zu stärken und das Ganze ständig zu einem höheren Qualitätsniveau zu führen.

TQM möchte ein umfassendes und ganzheitliches Qualitätsverständnis in allen Unternehmensbereichen und auf allen Hierarchieebenen wecken (Mollenhauer/Ring, 1990, 119 ff.). Es ist auf ständige Verbesserung und Innovation in allen

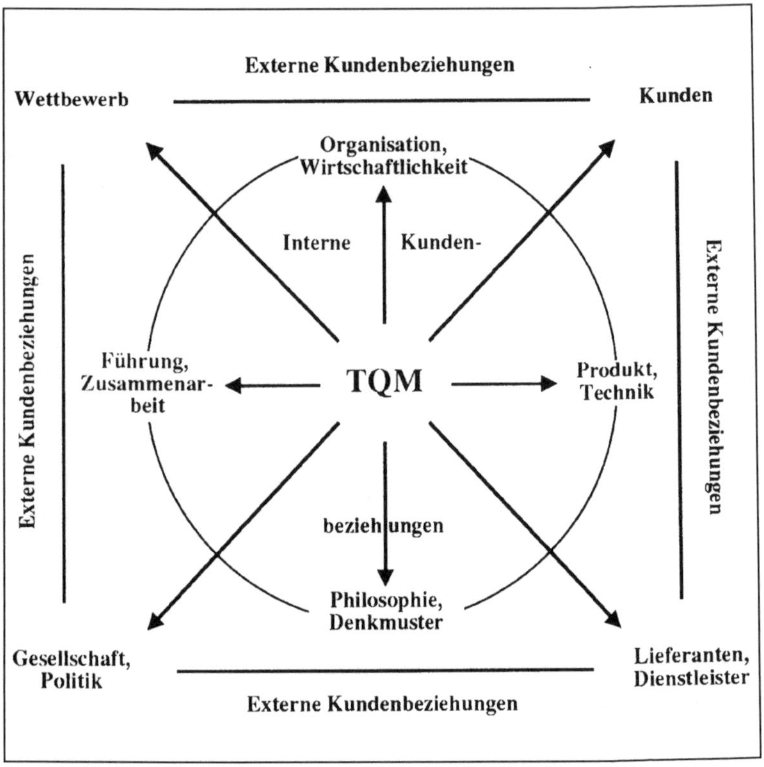

TQM will in einer umfassenden Ausrichtung Probleme lösen und Chancen nutzen, um das Unternehmen insgesamt auf ein höheres Qualitätsniveau zu führen

Bereichen und auf Erfüllung der Kundenbedürfnisse ausgerichtet. Kunden sind dabei alle Leistungsempfänger, extern und intern. Führung ist demnach eine interne Leistung, die die Mitarbeiter empfangen. Deshalb kann TQM nur dort gelingen, wo die Unternehmensführung sich aktiv und sichtbar beteiligt. Es geht ja um Veränderung von Bewußtsein in dem Sinne, daß die ständige Verbesserung von Qualität Vorrang vor Kostensenkung und Zeitzwängen hat.

Die Organisation des TQM-Prozesses

Die TQM-Organisation besteht aus folgenden Elementen:

- dem Lenkungsausschuß, der zusammengesetzt ist aus der Unternehmensleitung und der TQM-Arbeitsgruppe;
- der TQM-Arbeitsgruppe, die aus Führungskräften der verschiedenen Unternehmensbereiche besteht;
- den Ko-Moderatoren, die den TQM-Gruppen beratend zur Verfügung stehen;
- dem Koordinator TQM, der die Projekte koordiniert;
- den TQM-Projektgruppen, in denen autonom und aus eigener Initiative die TQM-Projekte nach den acht Schritten bearbeitet werden.

Vom Lenkungsausschuß geht die Initiative zur Einführung von TQM aus, er ist für den gesamten TQM-Prozeß verantwortlich, er informiert sich laufend über den Stand der Projektarbeit. Seine Mitglieder versuchen nicht nur TQM selber vorzuleben, sondern vermitteln auch immer wieder den geistigen Hintergrund von TQM, nämlich die Selbsterneuerung des Unternehmens, an der alle Mitarbeiter aufgerufen sind, mitzuwirken.

Die Arbeitsgruppe TQM als Teilgruppe des Lenkungsausschusses koordiniert die Projekte, plant Einführungsschritte und übernimmt die Projektsteuerung in Einzelfällen. Sie trifft sich regelmäßig, um den Gesamtprozeß zu reflektieren und gegebenenfalls steuernd einzugreifen.

Der Ko-Moderator ist ein Angehöriger des Unternehmens, der bei Bedarf eine Projektgruppe beratend unterstützt. An ihn kann sich der Gruppensprecher wenden, wenn die Gruppenarbeit ins Stocken gerät, organisatorische Fragen auftauchen oder bei der Umsetzung unerwartete Schwierigkeiten sichtbar werden. Aber der Ko-Moderator ist nicht der Gruppenleiter und arbeitet nicht in der Gruppe mit. Zum Projektthema braucht er keine besonderen Fachkenntnisse zu besitzen.

Beim Koordinator TQM fließen alle Informationen aus TQM-Projektgruppen zusammen. Er bereitet sie auf und stellt sie dem Lenkungsausschuß zur Verfügung. Er organisiert die Trainings, steht den Projektgruppen ebenfalls beratend zur Verfügung und hält den Betriebsrat über die Projekte auf dem laufenden.

Die TQM-Projektgruppen werden durch denjenigen zusammengestellt, der die Initiative zu einem Thema ergreift, der also ein Problem erkennt, dessen Lösung eine deutliche Verbesserung wäre, oder eine Chance, die zu nutzen dem Unternehmen Vorteile brächte. Die Gruppenstärke sollte nicht mehr als zehn bis zwölf Mitglieder umfassen und nicht weniger als fünf. Diese sollten nicht mehreren TQM-Gruppen gleichzeitig angehören, um die Identifikation mit der Gruppe zu ermöglichen.

Jeder Mitarbeiter kann die Initiative zu einem TQM-Projekt ergreifen, allerdings muß er ein Thema wählen, zu dem er selber etwas beitragen kann, und nicht eines, bei dem andere die Arbeit machen müssen.

Vor allem in der Anfangsphase sollte sich eine Gruppe wenigstens einmal pro Woche treffen. Die Abstände sollten nicht länger als drei Wochen sein, weil sonst der Gruppenprozeß wieder von vorne beginnen muß.

Die TQM-Gruppenarbeit vollzieht sich nach der Methode der acht Schritte.

Die Einführung von TQM

Am Anfang sollte eine Bestandsaufnahme im Unternehmen bezogen auf Qualitätsbewußtsein und Qualitätsniveau stehen. Sie sollte die Schwachstellen im Qualitätsmanagement sichtbar machen und die Augen öffnen für die vielfältigen Qualitätsprobleme, die Verhalten und nicht mehr in Frage gestellte Gewohnheiten verursachen (Mollenhauer, Ring, 1990, 127 f.).

Die zweite Phase besteht darin, Führungskräfte und Mitarbeiter von der Notwendigkeit von TQM zu überzeugen. Dazu dient die Information über das Ergebnis der Bestandsaufnahme bezüglich Qualität und über die Situation des Unternehmens mittel- und längerfristig auf dem Markt, über seine Stärken und Schwächen im Vergleich zum Wettbewerb und seine strategischen Ziele. Dabei gilt es zu verdeutlichen, daß höhere Qualität im Vergleich zum Wettbewerb einen großen Vorsprung bedeutet, der schwer aufzuholen ist. Diese Überzeugungsarbeit ist sorgfältig und intensiv zu gestalten, damit es gelingt, möglichst viele im Unternehmen für TQM zu gewinnen. Dazu sind Ansprachen, Tagungen und Seminare erforderlich.

In der dritten Phase wird der Lenkungsausschuß gebildet, der aus der Unternehmensleitung und Führungskräften der verschiedenen Unternehmensbereiche besteht. Er bildet einen Ausschuß, die TQM-Arbeitsgruppe. Sie begleitet den TQM-Prozeß in seinen vielfältigen Dimensionen. Entscheidend ist ein klares Bekenntnis des Lenkungsausschusses zu TQM und das sichtbare Bemühen, die Qualitätsanforderungen auch auf eigenes Verhalten und Handeln anzuwenden.

In der vierten Phase werden die TQM-Projektgruppen gebildet. Sowohl Vorgesetzte als auch Mitarbeiter können die

Initiative zur Gründung einer Projektgruppe ergreifen, jeder, der ein Problem oder eine Chance sieht, durch deren Bearbeitung das Unternehmen besser werden kann. Um Wiederholungen und Doppelarbeit zu vermeiden, werden die Projektthemen mit dem TQM-Koordinator abgesprochen. Der zuständige Vorgesetzte ist ebenfalls zu informieren, doch sollte er nicht aufgrund seiner Autorität ein Thema ablehnen. Hier wird duale Entscheidungsstruktur praktisch, das heißt, es ist gegenseitige Überzeugungsarbeit zu leisten. Im Konfliktfall vermittelt der Lenkungsausschuß.

Die TQM-Organisation sollte möglichst einfach gehalten werden und auf die vorbeugende Regelung möglicher Grenzsituationen verzichten. Es geht ja darum, „bessere Lösungen" zu finden.

Bevor mit der eigentlichen TQM-Projektarbeit begonnen wird, ist, je nach Bildungsniveau in einem Unternehmen, ein beträchtlicher Schulungsaufwand erforderlich. Führungskräfte und alle Mitarbeiter, die sich dafür interessieren, möglichst viele, sollen an dem TQM-Einführungsseminar teilnehmen. Sein Programm besteht aus einer Erläuterung der Idee von TQM, aus der Einführung von Methoden und Werkzeugen und aus der praktischen Anwendung auf ein für das Unternehmen wichtiges Thema. Die Seminarmethode besteht aus Kurzreferaten zur Erläuterung theoretischer Gesichtspunkte und deren Einübung anhand des Praxisbeispiels. Das Seminar dauert zwei Tage und besteht aus sechs bis zehn Teilnehmern. Als erste Gruppe sollte der Lenkungsausschuß an diesem Seminar teilnehmen.

Die TQM-Workshops stellen ein Aufbau- oder Intensivtraining dar und wenden sich vor allem an TQM-Gruppensprecher und Ko-Moderatoren. Sie dienen dazu, Kommunikationsfähigkeit zu fördern, Können im Umgang mit Gruppen, um die spezifische Gruppenleistung zustande zu bringen, Kompetenz in der Bewältigung von Konflikten und schwierigen Gruppensituationen. In diesen Workshops haben die Teilnehmer auch die Gelegenheit, sich immer wieder in die Idee von TQM als Grundprozeß im Lernunternehmen hineinzudenken.

Die TQM-Praxisgespräche bieten einzelnen Gruppen- und Prozeßverantwortlichen die Chance, ihre Erfahrungen mit TQM zu reflektieren, zu fragen und sich zu beraten.

Ablauf eines TQM-Projektes

Am Anfang steht die Initiative eines Mitgliedes des Unternehmens – sei es nun ein Vorgesetzter oder ein Mitarbeiter egal, aus welcher Hierarchieebene oder Funktion –, das ein Problem oder eine Chance sieht, deren Bearbeitung das Unternehmen qualitativ weiterbringt.

Er meldet das Thema beim TQM-Koordinator an, der überprüft, ob es nicht in einer anderen Gruppe schon bearbeitet wird. Dann spricht er auch mit seinen Vorgesetzten darüber. Er sucht Teilnehmer für seine Projektgruppe, wenigstens fünf, höchstens zehn bis zwölf. Sie sollten alle zu dem Thema Beiträge leisten können, was aber nicht heißt, daß alle themenspezifische Kenntnisse haben müssen. Wie schon mehrfach erwähnt, sollten die Teilnehmer nicht mehreren Projektgruppen gleichzeitig angehören. Die Sitzungen der Projektgruppe sollten wöchentlich stattfinden. Der Zeitraum zwischen den Sitzungen jedoch sollte drei Wochen nicht überschreiten. Die Vorgehensweise der TQM-Projektgruppe bei der Arbeit an dem gewählten Thema vollzieht sich nach der Methode der acht Schritte, die wir schon besprochen haben.

Schritt 1: Definition von Problem oder Chance

In der ersten Zusammenkunft sollte derjenige, der zu diesem Thema die Initiative ergriffen hat, das Problem oder die Chance, die er erkannt hat, erläutern. Aufgabe der ersten Zusammenkunft ist es, sich über das Thema auszutauschen und sich auf eine gemeinsame schriftliche Formulierung zu einigen, damit sich die Gruppe im Verständnis der bevorstehenden Aufgabe eine erste Gemeinsamkeit erarbeitet.

Schritt 2: Tieferes Verständnis des Problems oder der Chance

Der zweite Schritt dient dazu, sich tiefer in das Thema hineinzudenken, sich auszutauschen, einander zuzuhören und Fragen zu stellen:

- Was ist damit gemeint?
- Wo kommt es vor?
- Wo stört es?
- Wer ist betroffen?
- Was hängt damit zusammen?
- Was würde eine Änderung bewirken?

Entscheidend für den Erfolg eines TQM-Projektes ist eine effiziente Teamarbeit und die Verwendung von Qualitätswerkzeugen. Sie führen zu einer gründlichen Analyse des Problems und ermöglichen, Lösungen dort anzusetzen, wo sie am meisten bewirken.

- Teamarbeit

Hier gilt, was wir schon im Zusammenhang mit der Acht-Schritte-Methode beschrieben haben. Damit die gruppenspezifische Leistung zustande kommt, ist ein gewisser Zusammenhalt erforderlich, ein ausgeprägtes Gefühl der Zugehörigkeit zu dieser Gruppe. Dies entsteht durch die Erfahrung von Anerkennung, Selbstwert und Sicherheit und durch positive, persönliche Beziehungen der Mitglieder untereinander.

Die Diskussion wird vom Gruppenleiter der Form nach straff, vom Inhalt her offen geführt. Zu Beginn werden das Thema und das Ziel der Besprechung geklärt. Es folgt eine Phase lockerer Meinungsäußerung mit dem Zweck, vor allem die Gruppenmitglieder miteinander ins Gespräch zu bringen. Der weitere Diskussionsverlauf wird durch die Zusammenfassungen des Gruppenleiters strukturiert, die immer wieder den Stand der Diskussion verdeutlichen sollen. Außerdem bremst er die Dauerredner und aktiviert die Zurückhaltenden.

▶ Qualitätswerkzeuge

Ihr Einsatz dient der systematischen Verbesserung von Prozessen, Produkten und Leistungen und hilft, sicherzustellen, daß Maßnahmen auf dem Wissen über die Zusammenhänge und nicht auf individueller Spekulation oder gemeinsamen Vermutungen beruht.

▶ Paretoanalyse und Paretodiagramm

Mit Hilfe der Paretoanalyse und des Paretodiagramms (Lenz, 1994, C ff.) kann ein tieferes Verständnis des Problems in Schritt 2 erreicht werden. Diese Werkzeuge helfen, Beobachtungen, Ursachen oder Fehler in eine Rangordnung zu bringen und darzustellen, so daß leicht erkennbar wird, welche Faktoren am wichtigsten sind. Häufig sind es nur wenige Einflußgrößen, die für den wesentlichen Anteil an einem Erfolg oder einem Problem verantwortlich sind. Dies gibt auch die allge-

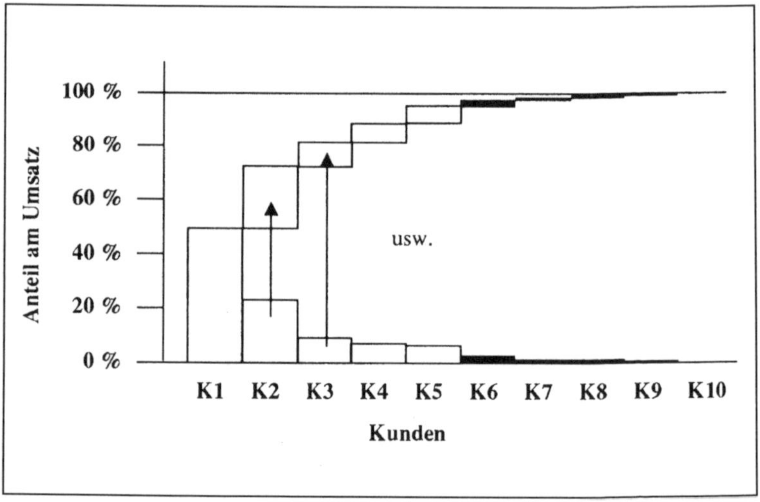

Pareto-Diagramm

meine Erfahrungsregel nach Pareto wieder: 20 Prozent der Ursachen sind für 80 Prozent der Wirkung verantwortlich. Diese 20 Prozent gilt es zu erkennen, um sich vorrangig mit ihnen zu beschäftigen. So dient die Pareto-Analyse als Entscheidungshilfe: Mit welchen Erfolgsfaktoren sollten wir uns am intensivsten beschäftigen? Welche Probleme müssen zuerst gelöst werden? Zur Erstellung des Diagramms werden zunächst die Einflußfaktoren nach der Größe ihres prozentualen Beitrages geordnet, zum Beispiel die Kunden nach ihrem Anteil am Umsatz des Unternehmens. Die sich ergebenden Säulen werden dann übereinander angeordnet, so daß sich der kumulierte Einfluß leicht erkennen läßt.

▶ Das Ursache-Wirkungsdiagramm

Es wird eingesetzt, um mögliche Ursachen und deren qualitative Abhängigkeit voneinander darzustellen. Es verdeutlicht

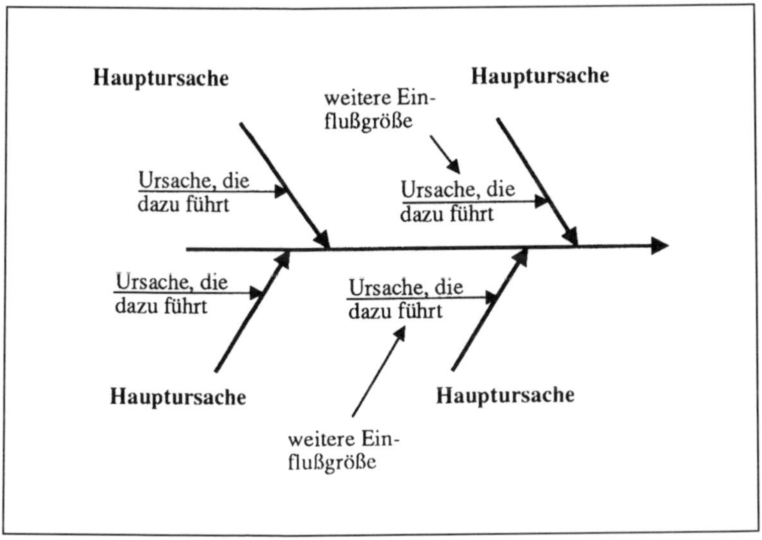

Ursache-Wirkungsdiagramm

Wirkungszusammenhänge, zeigt auf, welche Einflußfaktoren sich gegenseitig bedingen, und erleichtert die Konsensfindung in der Gruppe über wesentliche Ursachen.

Der waagerechte Pfeil zeigt auf die zu untersuchende Größe. Auf ihn stoßen die Pfeile der Haupteinflußgrößen, die einzeln oder im Zusammenwirken das Ergebnis hervorrufen. In Schritt 2 dient das Ursache-Wirkungsdiagramm dem tieferen Verständnis für das Problem.

Das Histogramm

Dieses Diagramm dient dazu, die Häufigkeitsverteilung von Daten sichtbar zu machen. Anwendungen sind zum Beispiel die Analyse von Kostenstrukturen, Durchlaufzeiten, Qualitätsstufen. Es macht große Datenmengen überschaubar und er-

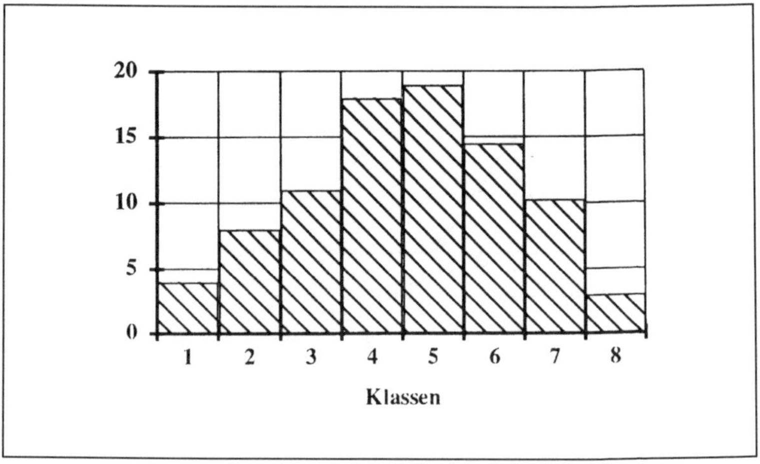

Histogramm

möglicht, Schwerpunkte zu erkennen, die dann genauer untersucht werden können, ohne sich in der Vielzahl der Einzelfälle zu verlieren.

Voraussetzung ist die Sammlung einer größeren Anzahl von Daten, zum Beispiel die Beobachtung von Vorgängen an jedem Tag. Diese Daten werden in Klassen gruppiert und in dem Histogramm als Säulen dargestellt.

Kontrollblätter

Es handelt sich um Strichlisten, mit denen untersucht wird, in welchem Umfang einzelne Ursachen zu einem bestimmten Ergebnis oder Problem beitragen. Für jede zu untersuchende Einheit wird ein Kontrollblatt erstellt und der Beobachtungszeitraum festgelegt. Dann werden die Ursachen definiert, die einen Einfluß haben, und das Auftreten jeder Ursache während des Beobachtungszeitraums wird getrennt erfaßt.

Das untersuchte Problem	Beobachtungszeitraum von ...... bis			
	Woche 1	Woche 2	Woche 3	Gesamt
Ursache 1				
Ursache 2				
Ursache 3				
Ursache 4				
Ursache 5				
Gesamt				

Summe der Woche

Summe der Ursache

Kontrollblatt

- Verfahrensdiagramm

Es ist die bildliche Darstellung eines Ablaufes, die es ermöglicht, einen Überblick über einen Prozeß zu gewinnen. Der Prozeß wird zunächst in seine einzelnen Schritte aufgegliedert, und alle beteiligten Stellen werden aufgelistet. Das Diagramm zeigt dann den Lauf des Prozesses durch die verschiedenen Stellen und die Art ihrer Beteiligung. Es vergrößert bei den Beteiligten das Verständnis für den Zusammenhang zwischen vor- und nachgelagerten Arbeitsschritten (interne Kundenbeziehungen). Die schwarzen Punkte bedeuten Haupttätigkeiten beziehungsweise Entscheidungen. Die weißen Punkte bedeuten Zuarbeit.

Die Darstellung eines Prozesses in einem Ablaufschaubild mit genormten Symbolen und wenig Text bleibt auch bei weitver-

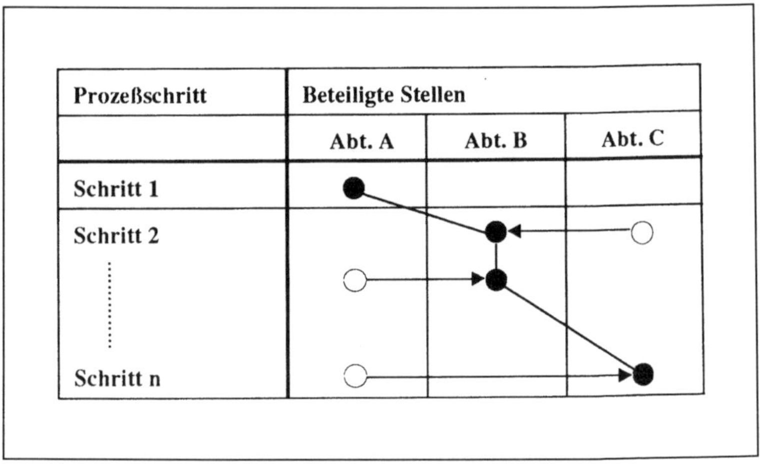

Verfahrensdiagramm

zweigten Prozessen übersichtlich. Ablaufschaubilder erleichtern während der Analyse eines Prozesses das Auffinden von Lücken und können in der Realisierungsphase als Arbeitsanweisungen eingesetzt werden.

Leistungsprofil

Dieses Werkzeug dient als Leistungsbewertung durch interne Kunden und macht deutlich, wo bei der internen Leistung, die gegenseitig erbracht wird, Verbesserungen notwendig sind. Es ermöglicht einen Soll-Ist-Vergleich und macht Leistungsdefizite und Spitzenleistungen sichtbar.

Zunächst wird vereinbart, welche Leistung bewertet werden soll. Diese wird dann in Einzelleistungen aufgegliedert und nach Bedeutung mit Punkten gewichtet, deren Gesamtwert 100 ist. Die Bewertung der jeweils erbrachten Leistung geschieht in Stufen, die von 5 bis 1 reichen. Die Punktzahl der

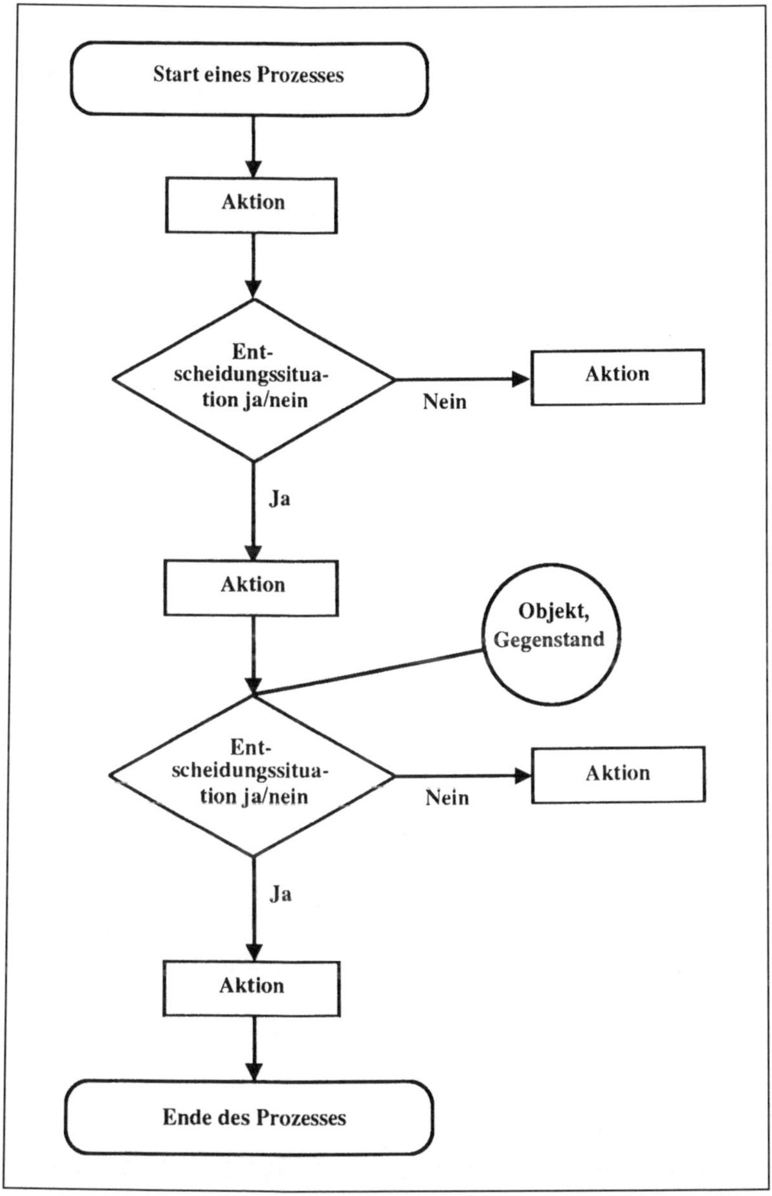

Ablaufschaubild

Einzelleistung	Gewicht der Leistung	Bewertungsstufen					Punktzahl der Leitung	Maximal-Punktzahl
		5	4	3	2	1		
Ursache 1								
Ursache 2								
Ursache 3 ⋮								
Gesamt	100							

Leistungsprofil

Leistung ist gleich Gewicht multipliziert mit Bewertungsstufe. Die maximale Bewertungsstufe errechnet sich aus Gewicht multipliziert mit Bewertungsstufe 5 als höchste Stufe.

Beziehungsdiagramm

Es eignet sich zur Darstellung der Abhängigkeit mehrerer Größen untereinander. So läßt sich beispielsweise darstellen, welche Funktionen eines Produktes geeignet sind, um bestimmte Kundenanforderungen zu erfüllen. Dann kann geprüft werden, ob alle Kundenwünsche ausreichend berücksichtigt werden. Mit zusätzlichen Symbolen kann die Stärke der Beziehung angegeben werden.

Die angeführten Werkzeuge sollen dazu dienen, sich in das Thema besser hineinzudenken, den Sachverhalt gründlicher zu verstehen und Zusammenhänge zu verdeutlichen. Dies ist ja die Aufgabe von Schritt 2: die Klärung des Themas. Auf keinen Fall sollen schon jetzt Lösungen diskutiert werden, was leider

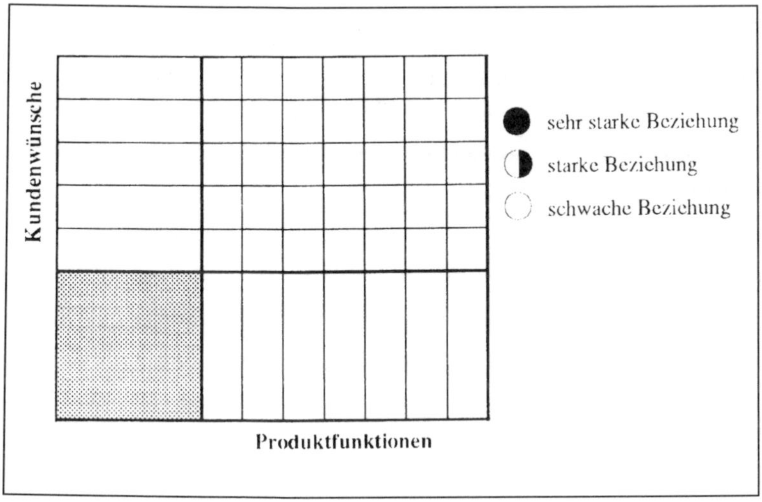

Beziehungsdiagramm

oft geschieht und zu verhärteten Gegenpositionen oder zu oberflächlichen Lösungen führt, die später einer kritischen Betrachtung nicht standhalten oder deren Schwächen erst bei der Umsetzung sichtbar werden.

Schritt 3: Mögliche Lösungen suchen

Wenn ein Problem/eine Chance klar definiert, gründlich untersucht und zahlenmäßig belegt ist, dann sind Lösungen für die Bewältigung des Problems, zur Nutzung der Chance, zu suchen. Dafür gibt es meistens viele Möglichkeiten. Viele machen aber den Fehler, sich zu schnell auf eine vermeintliche Lösung zu stürzen. Dadurch finden sie aber nur das Übliche, selten das Bessere.

Wie wir bei unseren philosophischen Überlegungen gesehen haben, ist die Welt, die uns umgibt, eine kontingente Welt. Sie ist nicht durch Ideologie, Religion, Herrschaftsstrukturen und

Denkverbote auf wenige vorgegebene Möglichkeiten eingegrenzt, sondern bietet uns einen nahezu unbegrenzten geistigen Freiheitsspielraum, in dem die Vielfalt gilt statt die Einheitlichkeit, so daß wir immer wieder neue Möglichkeiten, bessere Lösungen entdecken können.

Das geeignete Werkzeug für Schritt 3 ist das Brainstorming, das dort, wo die Bedingungen seiner Anwendungen erfüllt sind, zu ungewöhnlichen Ergebnissen führt. Dies ist allerdings selten. So sei nochmals darauf hingewiesen, daß wenigstens versucht werden sollte, Vorschläge nicht gleich mit Gegenargumenten zuzudecken oder das kreative Klima durch Killerphrasen zu erdrücken. Auch vor anderen Fehlern sei nochmals eindrücklich gewarnt: eine frühe Festlegung auf wenige und wenig originelle Lösungen; statt weitere Alternativen zu sammeln, werden die wenigen schon auf ihre Realisierbarkeit überprüft; es fehlt eine Atmosphäre des freien und assoziativen Denkens; die Diskussion gleitet immer wieder in Randthemen ab, es vergeht kostbare Zeit.

Schritt 4: Kritische Bewertung der Vorschläge und Entscheidung

Unter den in Schritt 3 gesammelten möglichen Lösungen sind jene auszuwählen, die am ehesten geeignet sind, das Problem zu lösen, die Chance zu nutzen. Wichtig ist, sich bei dieser Entscheidungsphase nochmals die Arten der Entscheidungsfindung bewußtzumachen, die wir schon beschrieben haben:

- Scheineinigung,
- Cliquenbildung,
- Abstimmung,
- Kompromiß,
- Koalitionsbildung,
- Konsens.

Bei Entscheidungssituationen kommen auch persönliche Interessen ins Spiel, Machtfragen und Rivalität. Hier ist die Besinnung auf die gemeinsamen Denkmuster wichtig, wie wir sie in unserer philosophischen Dimension des Lernunternehmens beschrieben haben:

- es geht nicht um Wahrheit, Rechthaben und Sichdurchsetzen, sondern um die „Suche nach der besseren Lösung";
- am ehesten gelangen wir zu guten Entscheidungen, wenn alle bereit sind, ihre Meinungen und Vorhaben kritischen Widerlegungsversuchen auszusetzen;
- dazu sind Kritikfähigkeit und Bescheidenheit erforderlich.

Als Instrumente der Entscheidungsfindung in Schritt 4 bietet sich die Verfahrensbewertung an. Sie hilft dabei, eine Lösung aus einer Vielzahl von möglichen Lösungen herzauszufiltern und Hinweise für eine Entscheidung zu liefern.

Vorgehensweise / Faktoren der Bewertung	Lösungsalternative A			
	Schritt 1	Schritt 2	Schritt 3	Schritt...
Bisheriges Vorgehen				
Alternatives Verfahren				
Unterschied (Qualität, Kosten, Zeit)				
Maßnahmen zur Einführung				
Bewertung des Beitrags zur Lösung				

Verfahrensbewertung

Für jede Lösungsalternative wird eine systematische Analyse erstellt. Zunächst wird aufgegliedert, in welchen Schritten der Prozeß nach Einführung der betrachteten Alternative abläuft. Dann wird für jeden Schritt analysiert, wie dieser Vorgang bisher abläuft und wie das Vorgehen nach Einführung dieser Lösung sein soll. Der Unterschied zwischen bisherigem und neuem Vorgehen bezüglich Qualität, Kosten, Zeit oder anderer Ziele wird festgehalten. Hier zeigt sich auch, bei welchen Teilschritten die neue Lösung Nachteile gegenüber der alten hat. Danach werden die Maßnahmen aufgeführt, die für die Einführung jedes einzelnen Schrittes erforderlich sind. Schließlich erfolgt die Bewertung in bezug auf die Lösung des Problems. Die systematische Ausarbeitung dieser Analyse für jede mögliche Lösung erleichtert den Überblick über Vor- und Nachteile und das Finden der besseren Lösung.

Schritt 5: Planung der Umsetzung

Nachdem die Entscheidung gefallen ist, wie ein Problem gelöst, eine Chance genutzt werden soll, muß jetzt festgelegt werden, wer welche Tätigkeiten, in welchem Zeitraum, mit welchen Mitteln und mit welcher Unterstützung übernehmen soll.

Da die Umsetzung einer Entscheidung oft einen Eingriff in funktionierende Regelkreise bedeutet, sind vor allem die Vernetzungen und mögliche Auswirkungen zu bedenken.

Wir zerlegen die Hauptaufgabe in Teilaufgaben, die dann schrittweise arbeiten, ohne dabei den Überblick über den Gesamtzusammenhang zu verlieren. Als Instrument eignet sich hier die Netzplantechnik. Sie ist ein Werkzeug, mit dem die Umsetzung einer Entscheidung geplant und überwacht werden kann.

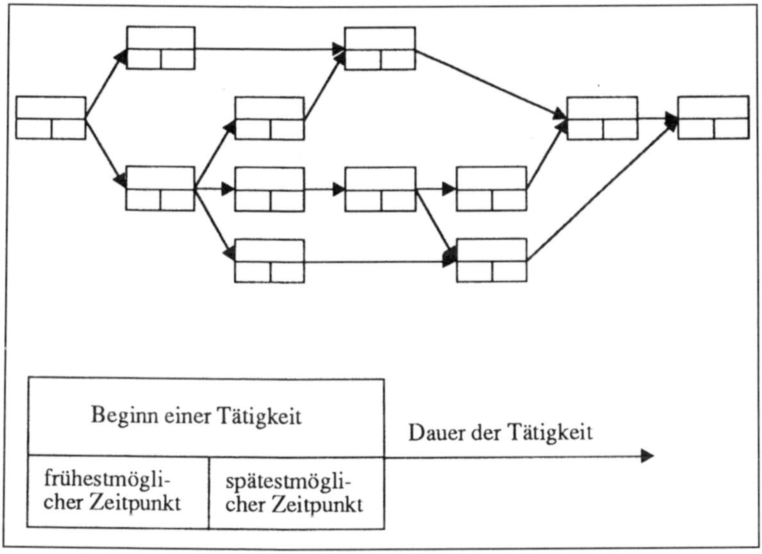

Netzplan

Zunächst gliedert man das Projekt in Teilaufgaben, erfaßt deren zeitliche und inhaltliche Abhängigkeiten und legt fest, wie lange jeder einzelne Realisierungsschritt dauert. Ausgehend vom geplanten Anfangstermin und gewünschten Enddatum des Gesamtprojektes können dann die frühest- und spätestmöglichen Anfangs- und Endtermine der einzelnen Aktionen ermittelt werden. Es wird deutlich, welche Teilaufgaben sich auf keinen Fall verzögern dürfen, ohne den Endtermin zu gefährden. Der Projektfortschritt kann laufend überwacht und der Netzplan entsprechend angepaßt werden.

Schritt 6: Gespräch mit den zu beteiligenden Personen

Selten kann eine Entscheidung allein durch die TQM-Projektgruppe realisiert werden. Meistens ist die Mitwirkung von vielen aus mehreren Organisationseinheiten des Unternehmens erforderlich. Sie gilt es für die Umsetzung zu gewinnen, indem sie über die bisherigen Schritte informiert werden, um die Gesamtzusammenhänge zu verstehen. Ohne oder gar gegen die Unterstützung und Mitwirkung von anderen ist die Realisierung eines Projektes nicht zu schaffen.

Hier ist die Fähigkeit, überzeugend zu kommunizieren, gefragt. Ob ein Projekt zum Erfolg wird, hängt oft davon ab, wie es gelingt, andere von seinem Nutzen zu überzeugen. Deshalb sollen hier nochmals die Grundregeln für gelingende Kommunikation wiederholt werden:

- Menschen sind eher bereit, inhaltlich ihre Meinung zu ändern, wenn sie sich beziehungsmäßig akzeptiert fühlen;
- Voraussetzung für diese Akzeptanz ist, ihnen zuzuhören in dem Sinne, daß man erst mal verstehen will, wie sie denken und argumentieren;
- jede Art von Dominanz und Druck verstärkt Widerstände und führt zu äußerer oder innerer Ablehnung;
- es gibt Sprachmuster, deren Verwendung vor allem zu Beginn eines Gespräches eher Störungen auslöst: anordnen, belehren, urteilen, moralisieren, Vorhaltungen machen, ausfragen, kritisieren, lächerlich machen;
- kommt es zu schwierigen Gesprächssituationen, dann kann Metakommunikation ein Scheitern verhindern und einen neuen Anfang ermöglichen;
- entscheidend ist, authentisch zu sprechen, das heißt, das, was jemand sagt, stimmt mit dem überein, was er denkt und fühlt;
- am Verlauf eines Gespräches wirken alle Beteiligten mit, so daß auch das Mißlingen das Werk aller ist und die kritische

Frage nach eigenem Verhalten immer von Nutzen. Dennoch gibt es Menschen, die mit sprachlichen Mitteln nicht zu Meinungsänderungen zu bewegen sind, aber sind sie nicht eher selten?

Schritt 7: Umsetzung

Jetzt werden die in Schritt 4 getroffene Entscheidung und die in Schritt 5 geplanten Maßnahmen ausgeführt. Gefragt sind jetzt vor allem Fachwissen und praktisches Können. Als Werkzeug ist wieder die Netzplantechnik hilfreich.

Bei der Umsetzung treten oft trotz sorgfältiger Entscheidung, Planung der Maßnahmen und guten Gesprächen mit den Ausführenden unerwartete Schwierigkeiten und Hindernisse auf. Es ist deshalb wichtig, den Umsetzungsprozeß aus der Nähe zu begleiten. Sollte es sich herausstellen, daß das Projekt nicht realisierbar ist, aus technischen, Kosten- oder Beziehungsgründen, so kommt dann die Phase der Metakommunikation. In selbstkritischer Weise sucht die TQM-Gruppe nach möglichen Fehlern, die im Prozeß über die sieben Schritte hinweg aufgetreten sind.

- Wie klar haben wir das Thema definiert?
- Wie gründlich war die Analyse des Themas?
- Wie phantasievoll waren die Lösungsvorschläge?
- Wie kam die Entscheidung zustande?
- Waren alle überzeugt oder kam es zu ungelösten Konflikten?
- Wie war die Kommunikation untereinander?
- Wie hat sich der Gruppenzusammenhalt gebildet?

- Haben sich alle regelmäßig an der Gruppenarbeit beteiligt?
- Konnten die zu beteiligenden Kollegen überzeugt werden?
- Wie war die Diskussionsleitung?
- Hat es an technischen Voraussetzungen oder an fachlichem Können gefehlt?

Auch wenn ein Projekt in der geplanten Weise nicht realisierbar ist, so war die Arbeit doch nicht vergebens. Wenn die TQM-Gruppe den Prozeß wieder bei einem früheren Schritt aufgreifen muß, so geschieht dies mit größerer Kompetenz, sowohl was die TQM-Arbeit angeht als auch in inhaltlicher Hinsicht. Sie hat sich ja auf intensive Weise mit dem gewählten Thema beschäftigt.

Schritt 8: Überprüfung des Ergebnisses

Wenn die Entscheidung und ihre Maßnahmen umgesetzt sind, muß das Ergebnis überprüft werden. Wurde das Ziel erreicht, das die TQM-Gruppe sich gesetzt hat? Haben die Schritte 1 bis 7 das Problem gelöst, kann die Chance genutzt werden? Entspricht das Ergebnis dem geplanten Ziel, kann sich die Gruppe einem neuen Thema zuwenden, auch in anderer Zusammensetzung. Hat sich an dem störenden Problem oder an der ungenutzten Chance wenig geändert, so muß die Gruppe den Weg der sieben Schritte erneut gehen, allerdings, wie schon festgestellt, auf höherem Niveau, weil mit mehr Erfahrung und Wissen.

Um in Schritt 8 überprüfen zu können, ob eine Verbesserung des bearbeiteten Problems eingetreten ist, hilft es, von Beginn des TQM-Prozesses an Meßgrößen einzuführen, die den Ist-Zustand des Problems wiedergeben, die aufzeigen, was zu verbessern ist, und die am Ergebnis sichtbar machen, ob die angestrebte Verbesserung eingetreten ist.

Eine solche Messung beginnt mit einer tiefgehenden und detaillierten Beschreibung des Problems. Dann wird die Meßgröße vereinbart, also das, was gemessen werden soll, zum Beispiel die Zeit, die Anzahl, das Gewicht, die Strecke. Die Meßvorschrift gibt an, wie die Messung durchgeführt werden soll. Die Beschäftigung mit Meßwerten in der TQM-Gruppe führt nicht zu objektiveren Ergebnissen. Wir haben gesehen, daß wir über Wirklichkeitskonstruktionen nicht hinauskommen. Sie führen aber dazu, sich noch intensiver mit dem Thema zu beschäftigen, und verhelfen der Gruppe zu einem gemeinsamen Verständnis der zu bewältigenden Aufgabe.

Es ist fast wie bei anderen großen Ideen der Menschheit. Um gelebt zu werden und sie an andere Menschen und spätere Generationen weiterzugeben, brauchen sie eine Institution. Ohne diese versinkt die Idee ins Unbekannte oder Unverbindliche, mit ihr verliert sie ihre Kraft und sogar ihr ursprüngliches Anliegen. Ähnliches geschieht mit TQM. Es wird formalisiert. Es werden Ablauforganisationen geschrieben, Methoden und Werkzeuge eintrainiert, Formulare müssen ausgefüllt und Berichte abgeliefert werden. Die Ergebnisse werden zusammengetragen, verglichen und in DM-Beträge umgerechnet. Dabei entsteht manchmal der Eindruck, daß dort, wo die Philosophie nicht stimmt und die Praxis der Zusammenarbeit widersprüchlich ist, TQM formalisiert wird. Der Erfolg wird dann von mehr Methoden, Instrumenten, Formularen und Berichten erwartet.

Wir haben es miterlebt, wie in Unternehmen mit TQM, mit wenigen Methoden und mit einfachen Werkzeugen, ungewöhnliche Leistungen erreicht worden sind. Technische

Probleme, die über Jahre ungelöst, immer wieder zu hohen Verlusten geführt haben, sind beseitigt, die Qualität hat einen Stand erreicht, wie er nicht für möglich gehalten wurde, es klingt wie im Märchen. Begleitet wurde dieser Prozeß durch einige organisatorische Anpassungen und vor allem durch Umdenken und anderes Verhalten beim Management und bei Führungskräften „Jetzt gilt hier auch der kleine Mann“, so faßte ein Mitarbeiter das Geschehen zusammen. Wenn Ideen motivieren und Beziehungen von Anerkennung getragen sind, dann sind Menschen zu ungewöhnlichen Leistungen fähig.

Zusammenfassung

Wir sind von der Beobachtung ausgegangen, daß sich Unternehmen in unserer Zeit bisher ungewohnten Herausforderungen gegenübersehen, denen sie sich nur mit einer neuen Qualität der Zusammenarbeit gewachsen zeigen können.

Diese neue Qualität nennen wir Lernunternehmen, das sich durch seine Organisation, seine geistige Welt und seine praktische Weise der täglichen Arbeit eine zunehmende Leichtigkeit erwirbt, um sich auf neue Situationen einzustellen und selber Neuerungen hervorzubringen. Wir haben seine Organisation beschrieben aus Autonomie und Integration und seine Philosophie als die ruhelose und phantasievolle „Suche nach der besseren Lösung“.

Organisation und Unternehmensphilosophie müssen die Praxis verändern und in der Praxis stattfinden. Sie müssen erlebt werden. Das Werkzeug dazu ist die Sprache, nicht die trickreiche und manipulierende, sondern die authentische.

Sie ist deshalb so entscheidend, weil durch sie, durch Kommunikation, das Unternehmensgeschehen überhaupt erst gebildet wird und von ihrer Qualität alles andere dann abhängt. Lernunternehmen ist nicht möglich, wo Kommunikationsstörungen die Zusammenarbeit behindern, wo ungelöste Konflikte, mühsame und zeitraubende Teamsitzungen viel Energie kosten und wo Argumentationen von Machtbestrebungen überlagert werden. Kommunikation, Teamarbeit, Konfliktbewältigung sollten von hoher Qualität und ihre Verbesserung ein ständiges Anliegen sein. Es wäre naiv, anzunehmen, daß damit eine heile Welt entstünde. Um die geht es auch nicht, sondern darum, Lernprozesse zu ermöglichen, die das Unternehmen immer besser machen. Dazu dienen die verschiedenen Verfahren, die wir beschrieben haben.

Das Verfahren vielseitiger Abstimmungsprozesse und der Problemlösungsprozeß helfen den Teilnehmern, wichtige Interessengegensätze einander anzunähern und dabei voneinander zu lernen und füreinander neue Lösungen zu suchen. Das Action-oriented-Strategic-Management und die Zukunftssuchkonferenz bedeuten gemeinsames Lernen durch die Erarbeitung eines „gemeinsamen Bildes der Außenwelt". Nicht der Grad der Objektivität, sondern das Ausmaß an Gemeinsamkeit, das erreicht wurde, ist entscheidend für erfolgreiches Handeln in dieser „Außenwelt" Markt, Wettbewerb, Technik, Gesellschaft.

Das Benchmarking vergleicht das eigene Unternehmen mit anderen erfolgreichen Unternehmen, um von ihnen zu lernen, die Informationen über sie durch interne Verarbeitungsprozesse in Veränderungen zu überführen, wo es als fruchtbar erkannt wird.

Der Lernstrat-Workshop und die Methode der acht Schritte dienen der ständigen Verbesserung des inneren Zustandes des Unternehmens und erhöhen damit seine Leistungskraft nach außen. Es sind Prozesse der Selbsterneuerung des Unternehmens, also mit eigener Kraft, aus sich selbst heraus.

Diese Selbsterneuerung erfährt eine gewisse Vollendung in der Institutionalisierung von TQM als Weg, alle Dimensionen des Unternehmensprozesses zum Thema der ständigen Suche nach höherer Qualität zu machen, zu dem alle Mitarbeiter die Initiative ergreifen können. Dies gelingt nicht, wenn TQM formalisiert und bürokratisiert wird. Die Erfahrung zeigt, daß mit wenigen Methoden und einfachen Werkzeugen viel erreicht werden kann, wenn Geist und Beziehungen dazu passen und sie sich gegenseitig verstärken. Lernunternehmen und TQM gehören zusammen, beide bedingen sich gegenseitig. Integriert in das Ganze des Lernunternehmens kann TQM seine volle Erneuerungskraft entfalten. Es ist dennoch nicht die heile Welt. Wenn es sie gibt, dann immer nur vorläufig, und sie ist dann immer wieder herzustellen. Dazu dient Metakommunikation in Form von Reflexionsveranstaltungen, die wir als eigentliche Quelle der Selbsterneuerung beschrieben haben.

Eine Organisation wird von Menschen geschaffen und gelebt. Eine Philosophie wird von Menschen erdacht und in Handlungen umgesetzt, und es sind Menschen, die die tägliche Zusammenarbeit gestalten. Von ihrer Fähigkeit und Bereitschaft zu lernen hängt alles ab, zumal wir den Zusammenhang von individuellem Lernen als Basis für soziales Lernen aufgezeigt haben.

4 Das Menschenbild des Lernunternehmens

Ein Lernunternehmen als solches lernt nicht, es ist keine übergeordnete Instanz, nicht das Ganze, das vor dem Teil kommt. Es kommt durch Kommunikation seiner Mitglieder zustande und besteht aus ihrem Wissen und Lernen, das zu gemeinsamen Denkmustern zusammenfließt und Entscheiden und Handeln prägt. Dies verdeutlicht, wie sehr Lernunternehmen von den in ihm tätigen Menschen abhängt, von ihrer Lern- und Veränderungsbereitschaft. Durch sie kommt es zustande, oder es kommt nicht zustande.

Nun ist es gängige Meinung, daß die Veränderungsbereitschaft mit zunehmendem Alter abnimmt. Viele Beobachtungen scheinen dies zu bestätigen. Da muß an einer Strategie festgehalten werden, an die keiner mehr glaubt; eine Neuorganisation kann nicht durchgeführt werden, weil eine mächtige Person es verhindert; erst mit der Pensionierung des Vorgesetzten kann ein Stab aufgelöst werden, obwohl seine Dienste längst nicht mehr gefragt sind.

Zurückhaltung Veränderungen gegenüber hat Sinn. Die Evolution geht bei der Auswahl von Richtungen und Arten sehr bedächtig vor. Die katholische Kirche als die älteste Institution Europas, die auch nach 2 000jähriger Geschichte in ihrem Bestand nicht gefährdet ist, geht bei der Einführung von Veränderungen sehr vorsichtig ans Werk. Ein Veränderungsvorgang muß überhaupt mehrere Phasen durchlaufen und Hindernisse überwinden, und es ist doch oft lange unentschieden, ob er sich durchsetzt oder wieder verschwindet.

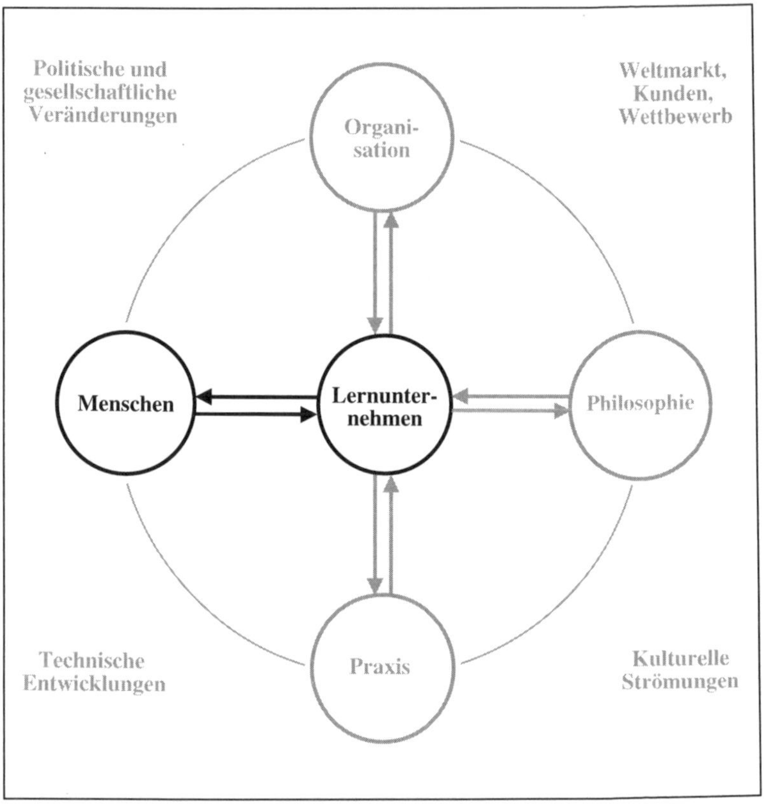

Das Menschenbild des Lernunternehmens

Durch die Vernetzung der Kommunikationssysteme wird Wissen in solchen Mengen, solcher Geschwindigkeit und Dichte ausgetauscht, daß sich Innovationen ständig beschleunigen. Daher stehen wir vor der Aufgabe, so lernfähig zu werden, daß es gelingt, gute Entscheidungen auch mit einer gewissen Leichtigkeit in weniger Zeit zu treffen. Wie müssen nun Menschen sein, wie müssen sie sich weiterbilden, um dies zu können?

Ein lernendes Unternehmen besteht darin, daß die dort wirkenden Menschen eine immer ausgeprägtere Lernfähigkeit entwickeln, daß sie sich in die philosophischen Überlegungen zum Lernen hineindenken, sich eine Lernprozesse fördernde Organisation schaffen, in ihrer Zusammenarbeit um ständige Verbesserungen bemüht sind und eben auch eine Arbeit an sich leisten, denn das Lernen des einzelnen legt das Fundament zur Lernfähigkeit des Ganzen.

Dies verdeutlicht, wie sehr es auf den einzelnen ankommt, so daß wir uns immer wieder auch eine Meinung über die Lernfähigkeit anderer Menschen bilden müssen, und wir nehmen dazu Hilfen in Anspruch wie Tests, Fragebogen zur Erstellung von Persönlichkeitsprofils, Übungssituationen vor Beobachtern, sogar die Schriftlesekunst wird bemüht. Es ist allerdings so, daß ein Psychologe, der versuchen würde, bei seinem Gesprächspartner Eigenschaften ausfindig zu machen und festzuschreiben, bei seinen Kollegen nur noch Hohngelächter ernten würde. Die Eigenschaftstheorie hat versucht, herauszufinden, welche Merkmale für Führungsaufgaben befähigen. Dieser Versuch ist gescheitert, die Theorie ist aufgegeben, sie ist falsifiziert. Aber Wirtschaft und Industrie sind bei diesem Thema der Wissenschaft nicht gefolgt.

Die übliche Vorgehensweise besteht hauptsächlich darin, daß ein Personalberater den Bewerber verschiedenen Tests und Gesprächen aussetzt und dann ein Gutachten erstellt. Jedoch gilt auch hier, daß niemand „im Besitz der Wahrheit" ist. Wir können keine objektiven Aussagen über andere Menschen und ihre Eigenschaften treffen, weil wir selber immer im Spiel sind. Genauerweise müßte ein Psychologe in das Gutachten schreiben: „Aufgrund der von mir verwendeten Methoden und angesichts meiner eigenen Persönlichkeitsstruktur habe ich den

Äußerungen des Bewerbers folgende Bedeutungen zugeschrieben ...“.

Wir können keine Beobachtungen machen, ohne daß sie nicht unseren internen Verarbeitungsprozessen ausgesetzt werden, die sie mit bereits vorhandenem aufladen. Deshalb ist ein Beurteilungsvorgang sehr persönlich und subjektiv geprägt, und sein Ergebnis hat mit dem Beurteiler ebensoviel zu tun wie mit dem Beurteilten. Dies gilt es zu wissen und zu akzeptieren. Um ein der Wirklichkeit, dem Bewerber gerechtes „inneres Bild“ zu entwerfen, gilt es, mehr Licht in die inneren Verarbeitungsprozesse zu bringen, also zu klären, welche implizite, welche heimliche Persönlichkeitstheorie den eigenen Meinungsbildungsprozeß prägt und gelegentlich gegen sachliche Gesichtspunkte bestimmt. Zu einem wirklichkeitsgemäßeren Urteil über andere Menschen führt der Weg von einer impliziten zu einer expliziten Persönlichkeitstheorie, das heißt, das Urteil muß mit Hilfe eines oder mehrerer Modelle, die uns die Persönlichkeitspsychologie anbietet, argumentierbar sein. Gleichzeitig muß das jeweilige Modell danach befragt werden, was die eigene Persönlichkeitsstruktur zu dem Urteil beiträgt, weil wir ja immer mit im Spiel sind. Die Verhaltens- und Persönlichkeitspsychologie und die Psychoanalyse bieten uns solche Modelle zur Selbst- und Fremdbeobachtung an, doch sind es nur Hypothesen, die ihre Brauchbarkeit dadurch erweisen, daß sie Beobachtungen und Urteile rational überprüfen lassen. Durch die Anwendung auf sich selbst können sie auch persönliche Veränderungen auslösen.

Es ist hier nicht der Ort, Modelle der Persönlichkeitsinterpretationen zu beschreiben, um zu einer sicheren Menschen- und Selbsterkenntnis zu gelangen. Nur folgende Unterscheidung sei eingeführt:

- substantielle Persönlichkeitsstruktur,
- narzißtische Persönlichkeitsstruktur,
- ethische Persönlichkeitsstruktur.

Die substantielle Persönlichkeitsstruktur

Nach der Abschaffung der Folter und der öffentlichen Hinrichtungen als Maßnahmen zur Aufrechterhaltung der Ordnung und mit dem Beginn der Humanisierung des Strafvollzuges kam die Zeit der Mikrophysik der Macht (Foucault, 1977, 178). Sie besteht äußerlich aus Standardisierung von Bewegungen und innerlich in der Übernahme von Normen, Regeln und Vorschriften. Diese Verinnerlichung von äußeren Normen führt gleichzeitig zu einer Verinnerlichung der gesellschaftlichen Ordnung, so daß, was vorher von außen aufgezwungen wurde, jetzt von innen gewollt wird. Mikrophysik der Macht will gelehrige Körper formen und angepaßte Menschen. Ihre Inhalte sind gemeinsame Denkmuster, die über Erziehung, Ausbildung und Informationssysteme vermittelt und aufgenommen werden.

Das substantielle Subjekt ist ein Mensch, der solche Normen und Werte in ausgeprägter Weise verinnerlicht hat, die ihn jetzt in seinem Verhalten lenken und ihm eine gewisse Unabhängigkeit geben. Der innengeleitete Mensch verfügt über innere Orientierung und äußere Unabhängigkeit, weil er selber will, was von außen gefordert wird. Er strebt danach, eine persönliche Identität zu entwickeln, indem er versucht, den verinnerlichten Normen zu entsprechen und die verinnerlichten Werte und Ideale in seinem Leben zu verwirklichen, so daß er mit sich in Übereinstimmung leben kann. Dies gelingt nun oft dann nicht, wenn die verinnerlichten Normen hart und streng und die an sich gestellten Anforderungen so hoch sind, daß sie nie zu erreichen sind. So gibt es erfolgreiche und leistungsfähige Menschen, die unzufrieden und innerlich zerstritten sind, weil die verinnerlichte Strenge es ihnen nicht gestattet, sich an den Erfolgen zu erfreuen. Kaum haben sie ein Ziel erreicht, die Anerkennung entgegengenommen, schon taucht das nächste auf, dem sie entgegenstreben, aus Zwang, nicht aus Freude. Alle Erfolge aber vermögen die innere Strenge nicht zu besänftigen, die unablässig aus ihnen zu ihnen spricht. So wenig wie gute, von anderen beachtete Leistungen von ihren inneren Instanzen anerkannt werden, so erbarmungslos kritisieren sie sich für kleine Fehler. Dies führt dazu, daß sie, weil ständig auf der Suche nach weiterer Bestätigung durch Erfolge und aus Angst vor Fehler und Versagen, in ihrer Lernfähigkeit begrenzt sind. Sie können schließlich nur noch, was sie kennen.

Die narzißtische Persönlichkeitsstruktur

Lacan unterscheidet zwei Arten von Beziehungen zwischen Menschen (Lang, 1986, 209):

- Die Beziehung zwischen dem Ich und dem anderen (klein a). Diese Beziehung läßt dem anderen keine Existenz für sich. Er existiert nur, insofern er zur Bedürfnisbefriedigung dient. Ist diese geleistet, verschwindet auch das Interesse an ihm.
- Die Beziehung zwischen dem Ich und dem Anderen (groß A). Der andere ist für sich. Er ist von dem Ich getrennt, hat seine eigenen Interessen und Bedürfnisse. Das Ich kann diese Trennung annehmen und die anderen Interessen

respektieren. Es ist die Trennung und der Verzicht, der die Beziehung zwischen dem Ich und dem Anderen so gehaltvoll macht.

Narzißtische Menschen können nicht ertragen, daß andere Menschen von ihnen getrennte Persönlichkeiten sind, mit eigenen Wünschen und Gewichtungen.

Tief verwurzelte Selbstzweifel oder massive Ansprüche an andere treiben sie, nach nachträglicher Bestätigung zu suchen. So können sie meistens leicht mit anderen Kontakt aufnehmen, aber der andere muß dann ganz auf sie eingehen, völlig mit ihnen einverstanden sein, zur Erhöhung ihres schwachen Selbstgefühls beitragen. Der andere wird wie ein Orden an die eigene Brust geheftet. Enttäuscht er, wird er fallengelassen, wie viele vor ihm.

In der Suche nach Bestätigung sind narzißtische Menschen unersättlich. Mancher mag denken: „Dann spiele ich eben dieses Spiel und erfülle ihm seine Wünsche." Aber damit ist nichts gelöst. Denn die Erwartungen narzißtischer Menschen sind wie ein Faß ohne Boden. Wo sie sind, möchten sie im Mittelpunkt stehen und versammeln deshalb möglichst viele Zuhörer um sich herum, die sie begeistern und in Hochstimmung versetzen können. Bei solchen Gelegenheiten lügen sie auch, nicht im moralischen Sinne, sondern weil sie Sachverhalte so schildern, wie sie wünschen, daß sie gewesen wären, weil so großartig. So können sie auch Bewerber für das Unternehmen begeistern, so daß Kollegen sich fragen, welches Unternehmen denn gemeint sei. Sie suchen nach Abwechslung durch hektische Aktivität, auf Reisen, die wenig bewirken, und Termine, die sich jagen.

Narzißtische Menschen, wenn sie gewinnend und intelligent sind, gelangen bis in hohe Führungspositionen. Es ist ja

manchmal überraschend, wie anfällig manche für lobende Bemerkungen sind und welchen Wert sie auf äußere Zeichen der Geltung legen. Sind sie alleine, verfallen sie leicht in eine depressive Stimmung. Es ist dann, als fielen sie in ein tiefes Loch der Bedeutungslosigkeit.
Sie sind zu sehr auf Bewunderung aus und erleben sachliche Kritik als persönliche Ablehnung. Wer nicht für sie ist, den betrachten sie als Gegner und der wird unerbittlich verfolgt. Sie haben zu viele Probleme mit sich und können sich zu wenig sachlichen Überlegungen zuwenden. Die „Suche nach der besseren Lösung" steht für sie nicht im Vordergrund.

Menschen, die sich selber aufgrund ihrer erstarrten Identität oder durch ihre Beschäftigung mit der eigenen narzißtischen Problematik am Lernen hindern, behindern auch die Lernprozesse in einem Unternehmen.

Für die in unserer Zeit zu bewältigenden Aufgaben und die zu bestehenden Herausforderungen, vor die sich Unternehmen in einer Weltgesellschaft gestellt sehen, zeichnet die Philosophie der Lebenskunst das Bild des Menschen als ein sich durch Selbstreflexion umwandelndes und somit lernendes Subjekt. Die Philosophie der Lebenskunst nimmt eine Tradition der Griechen wieder auf und findet ihre moderne Version bei Friedrich Nietzsche und Michel Foucault. In diesem Bild wird der Mensch als ein Wesen gezeichnet, dessen Offenheit für Zukunft aus seiner Fähigkeit hervorgeht, sich selbst zum Thema seiner kritischen Reflexion zu machen und daraus eine Arbeit an sich selbst zu leisten.

Die ethische Persönlichkeitsstruktur

Das ethische Subjekt ist offen für neue Erfahrungen, bereit zu einer durch kritische Selbstreflexion ausgelösten Arbeit an sich und fähig zum Denken des Vielfältigen, ohne von den Zwängen desselben begrenzt zu werden, weder durch eine erstarrte Identität noch durch zwanghafte Suche nach narzißtischer Selbstbestätigung. Ethisch ist dieses Subjekt, nicht weil es sich fremden Normen unterwirft, sondern weil es sich zu moralischem Handeln verpflichtet, ohne dafür sich auf Letztbegründungen beziehen zu können, weil es sich dafür entscheidet, bei dem Streben nach eigenen Zielen auch für andere „geeignete Umwelt" zu sein und weil es von sich verlangt, aus dem eigenen Leben ein Kunstwerk zu machen.

Es handelt sich dabei um eine Kunst, die auf das eigene Leben angewandt wird, um es zu formen und zu führen. Dies geschieht mit Hilfe von Techniken, Gesten, Schweigen, Lachen, im Gespräch, auf Reisen, beim Schreiben – immer jedoch in einer Arbeit, die man auf sich selbst anwendet, während man sich einem anderen zuwendet (Schmid, 1991, 245 f.).

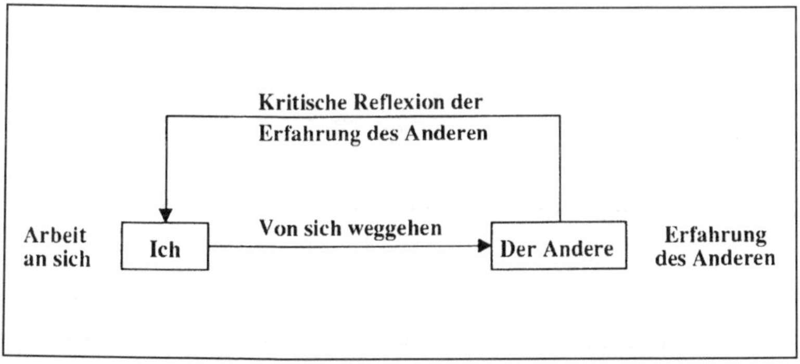

Das ethische Subjekt

Der Grundvorgang, der das ethische Subjekt ausmacht, ist folgender: Das Ich geht von sich aus und begegnet dem anderen als dem ganz anderen. Über die Reflexion dieser Erfahrung kehrt es zu sich als Verändertem zurück.

Diese Arbeit an sich selbst geschieht nun mit Hilfe von Praktiken und Techniken, derer man sich bedienen kann, so wie sie Bestandteil griechischer Philosophie der Lebenskunst waren, wo Foucault sie wiederentdeckt hat (Schmid, 1991, 280).

Askese

So wie keine berufliche Fähigkeit sich ohne Übung erwerben läßt, so kann man auch die Kunst des Lebens nicht ohne Askese erlernen. Dabei handelt es sich um folgende Übungen:

- täglich sich Rechenschaft über sein Tagwerk ablegen;
- täglich zu unterscheiden zwischen wichtigen und unwichtigen Dingen;
- sich immer wieder prüfen, ob man im Hinblick auf die Vollendung des Lebens auf dem richtigen Weg ist. „In der Askese ist der einzelne der Künstler, der von Zeit zu Zeit seine Arbeit unterbricht, um sein Werk aus der Distanz zu betrachten und die Regeln seiner Kunst in Beziehung zum entstehenden Werk zu setzen, und der, da er diesen Blick auf sich selbst als Werk nicht bewerkstelligen kann, seine Freunde darum bittet“ (Schmid, 1991, 261).

Wer Askese betreibt, übt sich und bildet sich aus. „Er betreibt die kunstvolle und sorgfältige Ausarbeitung der Formen des eigenen Lebens, die Einübung in eine Disposition, die zur Gewohnheit wird und in den verschiedensten Situationen Vortrefflichkeit hervorbringen kann“ (Schmid, 1991, 267).

Leben aus der Wahrheit

Gemeint ist nicht die Wahrheit als letzte Instanz, sondern der Prozeß der nie abgeschlossenen Herstellung von Wahrheit. Auf dem Weg zur Wahrheit sollen wir die freimütige Rede üben, in Klarheit und Offenheit sagen, wie es sich aus eigener Sicht verhält. Es ist auch das authentische Sprechen, bei dem das, was man sagt, mit dem übereinstimmt, was man denkt und fühlt.

Eine persönliche Wahl treffen

Es ergibt sich im Verlauf eines Lebens immer wieder, daß eine Wahl zu treffen ist, indem man Prioritäten setzt und einer Sache vor einer anderen den Vorzug gibt. Eine solche Wahl ist nach der Überlegung zu treffen, mit welchen Alternativen man ein gelungenes Leben schafft und anderen das Gedächtnis eines solchen Lebens hinterläßt. Eine gelungene Existenz bedeutet den Zusammenhalt der vielfältigen Dimensionen eines Lebens, der sich in der offenen Erfahrung bildet, in der auch Brüche und Gegensätzliches ihren Ort haben.

Das Leben schreiben

Bei seiner Arbeit über die Antike stieß Foucault auf Schreibhefte und Notizbücher, die zu Platons Zeit aufkamen. Sie sind keine Tagebücher oder Berichte, sondern eine Zusammenfassung von Sätzen, Zitaten, Beispielen, Stücke von Texten, Handlungen, deren Zeuge man war (Schmid, 1991, 309). Diese Notizen sind ein Mittel, mit dem man von sich weg und auf das andere zugehen kann, auf das notierte Ereignis. Durch den Akt des Schreibens gelangt etwas von innen nach außen, begegnet dort dem anderen, wird zur Erfahrung, durch deren Reflexion man wieder zu sich zurückkehrt, und findet Gelegenheit zu einer Arbeit an sich selbst. Es ist eine gewöhnliche Erfahrung aus dem Alltag. Man macht sich Notizen zu einer Rede oder entwirft einen Brief. Dieser Text, der da vor einem liegt, ist aus einem selber hervorgegangen. Jetzt, wenn man ihn nochmals liest, wird er zum anderen, sogar zum Fremden. Seine Reflexion führt zu der Erkenntnis: „Das kannst Du so nicht schreiben!" und löst eine Arbeit an sich selbst aus, indem der Brief neu durchdacht und anders verfaßt wird.

Der Traum

Seit alter Zeit haben die Menschen dem Traum eine besondere Bedeutung zugeschrieben, als einem Boten aus einem anderen Bereich, in dem das Eigene als das andere und Fremde auftaucht und zur Auseinandersetzung herausfordert. Heute wissen wir, daß Träume verschlüsselte Botschaften aus internen Verarbeitungsprozessen sind, die auf unser Leben mit Macht einwirken können. Die Deutung eines Traumes kann sehr befreiend und verändernd wirken, so daß wir wieder den grundlegenden Lernvorgang vorfinden. Etwas geht von mir aus, der Traum, dem ich als dem anderen begegne. Er zwingt zur Auseinandersetzung und Reflexion, die mich zu Selbsterkenntnis und damit zur Arbeit an mir selber führt. Foucault ist fasziniert vom Traum, weil in ihm der Mensch all dem begegnet, was war, was ist und was sein kann. In ihm bricht eine Erfahrung auf, die sich der Kontinuität des gelebten Lebens entzieht und das Subjekt überschreitet. Was ihn so schätzenswert macht, ist seine Macht der Imagination. Er ist Trugbild und Abbild, Anblick und Gleichnis. Er ist die Bedingung dafür, daß es Vorstellungskraft gibt und für die Erfindung neuer Wirklichkeiten (Schmid 1991, 322).

Die Lehre von der ewigen Wiederkehr

Foucault greift Nietzsches Gedanken von der ewigen Wiederkehr auf:

„Wie, wenn dir eines Tages oder nachts ein Dämon in deine einsamste Einsamkeit nachschliche und dir sagte: ‚Dieses Leben, wie du es jetzt lebst und gelebt hast, wirst du noch einmal und noch unzählige Male leben müssen; und es wird nichts Neues daran sein, sondern jeder Schmerz und jede Lust und jeder Gedanke und Seufzer und alles unsäglich Kleine und Große deines Lebens muß dir wiederkommen. Und alles in derselben Reihe und Folge – und ebenso diese Spinne und dieses Mondlicht zwischen den Bäumen, und ebenso dieser Anblick und ich selber. Die ewige Sanduhr des Daseins wird immer wieder umgedreht – und du mit ihr, Stäubchen vom Staub!' – würdest du dich nicht niederwerfen und mit den Zähnen knirschen und den Dämon verfluchen, der so redete? Oder hast du einmal einen ungeheuren Augenblick erlebt, wo du ihm antworten würdest: ‚Du bist ein Gott und nie hörte ich Göttlicheres!"

Die Regel dieses Imperativs lautet: „Handle so, daß Du die Wiederkehr Deiner Existenz wollen kannst." Sie bedeutet, so zu handeln, als ob dasselbe wiederkehren würde, um darin einen Maßstab für die Führung des Lebens zu finden, das heißt, so zu leben, daß man bereit sein könnte, alles genau so noch einmal zu leben. Diese Regel ist ein kritisches Prinzip, weil es dazu auffordert, das Leben zu ändern und dies nicht aufzuschieben. Es fordert somit zur Erfindung und Ausarbeitung neuer Formen des Lebens auf; es fordert zu neuem Lernen heraus. Die Lehre der ewigen Wiederkehr bedeutet, daß dieses Leben, so wie es gelebt wurde, genau so wiederkehren könnte, und betont die Bedeutung des gegenwärtigen Augenblicks, nicht weil er der letzte sein könnte, sondern weil er der einzige Punkt möglicher Veränderung ist. „So ist die ewige Wiederkehr auch ein ewiger Aufbruch“ (Schmid, 1991, 329).

Die Freundschaft

Sie ist eine Beziehungsform, die über Ehe, Familie und Arbeitsgemeinschaften hinausreicht. Sie verfährt nicht nach sozialen Klassen, Berufsgruppen oder Kulturniveaus und kann von Individuen geteilt werden, die sich in bezug auf Alter, Status und soziale Tätigkeit unterscheiden. Freundschaft ist eine intensive Beziehung, ohne institutionalisiert zu sein. Sie besteht darin, mit dem anderen frei heraus zu sprechen, ihm über sich die Wahrheit zu sagen und sich dem Urteil des anderen auszusetzen. Gleichzeitig bedeutet Freundschaft eine gewisse Distanz, die den Freiraum des anderen öffnet und den Raum der Freiheit offenhält.

Das Schweigen

Schweigen heißt einen Raum offenzulassen, in dem sich der andere, das andere entfalten kann. Im Schweigen spricht die Sprache des anderen. Schweigen wird durch Sprache geschaffen, aber nicht ausgefüllt. Im Schweigen beginnt eine andere Sprache zu sprechen und neue Erfahrungen sich anzudeuten. Die Rede, das Gespräch, das auch die stummen Zwischenräume sprechen läßt, öffnet sich dem anderen, das als neue Erfahrung über Reflexion zu einer Arbeit an sich selbst wird.

Die Macht des Lachens

Im Lachen bricht das Gesicht des Menschen auf, die Sprache gelangt an ihre Grenze und explodiert in den Tränen und den verdrehten Augen. Das Lachen erschüttert die bisherige Ordnung der Dinge, erlaubt es, Distanz zu dem zu gewinnen, was sich verfestigt hat, und bringt die erstarrten Strukturen in Bewegung. Das Lachen schafft somit Raum für das andere, das Andersdenken.

Die Sorge um den Tod

Zuerst wurden die Friedhöfe weg aus der Mitte und vor die Tore der Stadt verlagert, und inzwischen entstehen auch die ausgelagerten Orte des Alterns. Der Tod gehört nicht mehr zum Leben. Er ist kein Übergang mehr, sondern nur das Ende.

Durch den Gedanken der ewigen Wiederkehr wird der Tod zum Begleiter des Lebens, indem er dem Leben in seinen gegenwärtigen Augenblicken Sinn gibt. Damit wird der Tod selbst zu einem Akt des Lebens. Um ihn herum haben die Menschen im Verlauf der Geschichte viele Riten, Zeremonien und Bilder aufgebaut. Wenn der Tod ein Akt des Lebens ist, dann ist er auch Bestandteil der Lebenskunst, und das Leben ist im Augenblick des Todes als Kunstwerk zu vollenden. Der Tod ist ja die Erfahrung des anderen in seiner ganzen Radikalität.

Auf der Suche nach einer Philosophie der Lebenskunst wendet sich Foucault auch der Spiritualität zu. Er versteht Spiritualität als Instanz des Andersdenkens, und zwar auf radikalere Weise als die Philosophie, insofern es ihr um die Veränderung der Lebensweise geht. Er sieht in Spiritualität einen Zugang zu einer anderen Lebensweise, eine Transformation, die der Mensch mit sich selbst vornehmen muß.

Jetzt werden Sie fragen, was denn Spiritualität noch mit Lernunternehmen zu tun hat.

Exkurs über den Jesuitenorden

Der Jesuitenorden ist ein Unternehmen, das seit über 400 Jahren besteht. Es ist weltweit tätig mit Niederlassungen in fast allen Ländern und hat etwa 20 000 Mitarbeiter. Im Verlauf seiner Geschichte war dieses Unternehmen von den Gefahren des Verfalls in die Bedeutungslosigkeit einerseits und der gewaltsamen Auflösung andererseits bedroht. Es ist ein Unternehmen, das bis in unsere Tage nicht nur seinen Bestand gesichert hat, sondern dessen Anpassungsleistung und Selbsterneuerungskraft bisher unerschöpflich sind.

Was erklärt diese Leistung? Der Jesuitenorden hat wie jedes Unternehmen die Aufgabe, den eigenen Bestand zu sichern, für seine Mitglieder zu sorgen und Dienste anzubieten, durch die er in seinem spezifischen Umfeld Kunden findet. Er hat wie andere Unternehmen eine Organisation, eine Satzung und definierte Ziele. Was ihn von anderen Unternehmen unterscheidet, das ist die Spiritualität als Instanz des Andersdenkens, der es um eine Veränderung der Lebensweise geht, um es mit Begriffen Foucaults zu formulieren.

Das „Geheimnis des Jesuitenordens" besteht in einer Praxis, in der die Weisheit abendländischer Spiritualität zusammenfließt, in die sich jedes Mitglied einübt und die im einzelnen Selbsterneuerungsprozesse auslöst und somit das Ganze immer wieder zu neuen Leistungen befähigt. Es ist eine Übung, der sich täglich jeder im Orden eine Stunde und im Jahr eine Woche widmet. Sie wird von jedem einzeln und allein vollzogen, so daß keiner manipulatorischen Einflüssen ausgesetzt ist. Sie vollzieht sich in verschiedenen Schritten.

Wenn wir von den religiösen Inhalten absehen wollen, lassen sich diese Schritte folgendermaßen darstellen: Der Übende begibt sich in eine Umgebung der Ruhe und Stille. Er befreit sich für diese Zeit von seinen Tagesaufgaben.

In einem ersten Schritt besinnt er sich auf eine Idee, die über ihn hinausweist, etwas, das die eigene Existenz in den eigenen Augen und in denen anderer rechtfertigt.

Im nächsten Schritt reflektiert er eigenes Handeln auf selbstkritische Weise im Lichte dieser Idee und nimmt das Versagen, die Verweigerung, das Kleinliche im eigenen Handeln zur Kenntnis. Er verdrängt nicht, sondern nimmt schuldhaftes Verhalten als sein eigenes an.

Der dritte Schritt besteht in der Identifikation mit einem Menschen, der in vorbildlicher Weise die übergeordnete Idee in seinem Leben verwirklicht und in überzeugender Weise danach gehandelt hat.

Es folgt dann die Wahl angesichts dieser weiterreichenden Idee, der Erkenntnis eigener Unzulänglichkeit und dem lebendigen Beispiel eines Handelns im Sinne dieser Idee. In diesem Bewußtsein neuer Großmut ist eine Wahl hinsichtlich künftigen Handelns zu treffen. „Was kann ich besser machen? Welche Ziele kann ich mir vornehmen? Welche neuen Möglichkeiten kann ich nutzen, oder besser nutzen?“ sind die Fragen, die sich der einzelne stellt.

Aus diesen Überlegungen folgt eine Neuorientierung des Lebens und Handelns durch einen Entschluß, der im Rahmen der Meditation von geistigen und emotionalen Kräften getragen wird.

Den Abschluß bildet die Besinnung auf alles, was man selber empfangen hat, auf das Gute, das einem durch andere zukommt, und das Gefühl der Dankbarkeit, das daraus folgt.

Dadurch sammelt man in sich gute Bilder und Wörter, die in einem selber das Gute wieder stärken.

Auch hier finden wir den Grundvorgang der Philosophie der Lebenskunst wieder: Der Übende geht von sich weg auf eine über ihn hinausweisende Idee zu. Diese Erfahrung mit dem anderen führt über die kritische Selbstreflexion wieder zu ihm zurück, um dort die Arbeit an sich selbst auszulösen.

Diese Übung ist eine Erklärung für den langen Bestand und die ungebrochenen Selbsterneuerungskräfte des Unternehmens „Jesuitenorden".

Zusammenfassung

Die Fähigkeit eines Unternehmens, sich auf rasch wechselnde Situationen immer wieder in erfolgreicher Weise einzustellen, hängt ab von der Lernfähigkeit seiner Mitarbeiter und der Qualität der Kommunikationsbeziehungen, die zwischen ihnen bestehen. Das individuelle Lernen ist die Basis für das Lernen im Unternehmen.

Diese Fähigkeit ist bei den Menschen aufgrund ihrer Persönlichkeitsstruktur unterschiedlich entwickelt. Wir haben sie beschrieben als

- substantielle: Ergebnis der persönlichen Entwicklung ist die Selbstfindung als Identität, in welcher der einzelne in Gefahr ist, zu erstarren, so daß auch seine Entwicklung zu Ende ist;
- narzißtische: die Selbstzweifel sind so massiv, daß das Bemühen permanent ist, die eigene Bedeutung zu beto-

nen auf Kosten des Bemühens um die sachlich bessere Lösung;

- ethische: es sind Menschen, die bereit sind, sich im Verlauf ihres Lebens immer wieder auf neue Erfahrungen einzulassen, nicht etwa durch äußeren Wechsel, sondern eher durch innere Veränderung. Sie verfügen über eine zunehmende innere Klarheit, weil sie durch kritische Reflexion ihrer Erfahrungen sich das erarbeiten, was man Weisheit nennen kann. Durch die Arbeit an sich selbst erwerben sie sich eine zunehmende persönliche Reife und Autorität bei anderen.

In den Methoden der Philosophie der Lebenskunst und den Übungen des Ignatius von Loyola, des Gründers des Jesuitenordens, stehen uns Wege offen, die nicht fremden Kulturen entliehen sind, sondern aus unserer abendländischen geistigen Tradition stammen und uns deswegen eher entsprechen könnten. Auch von ihren religiösen Inhalten abstrahierend, führen sie zu persönlicher Läuterung, vermitteln psychische Energie und neuen Mut, die Aufgaben des Lebens und des Berufes anzupacken.

Substantielle Persönlichkeitsstrukturen sind zu guten Leistungen dort fähig, wo stabile Verhältnisse herrschen und wenig Veränderungen auf sie zukommen.

Narzißtische Persönlichkeitsstrukturen richten im Umgang mit anderen viel Schaden an; trotz hervorragenden fachlichen Qualitäten und höchstem Einsatz vermögen sie zu wenig, in einem Netz von Kommunikationen die gemeinsame Lernfähigkeit weiterzuentwickeln. Immer wieder stehen für sie andere Probleme zu sehr im Vordergrund als die Suche nach der sachlich besseren Lösung.

Es kann eingewendet werden, daß die ausgeprägte Lernbereitschaft ethischer Persönlichkeitsstrukturen eher selten ist. Vielleicht. Ein Unternehmen, das ein lernendes Unternehmen werden will, muß es mit den dort arbeitenden Menschen werden, und dies ist ein Prozeß, der immer weiter geht. Eine ethische Persönlichkeitsstruktur entwickeln – damit kann jeder gleich beginnen.

5 Wie ein Lernunternehmen beginnt

Zunächst ist festzustellen, daß kein Unternehmen bestehen könnte, das nicht lernfähig wäre. Lernunternehmen entsteht dort, wo Lernen zum eigentlich Verbindenden und Orientierenden wird. Wie läßt sich dies beginnen? Obwohl sich nicht alles gleichzeitig beginnen läßt, so hängt vieles doch so miteinander zusammen, daß das eine ohne das andere nicht zustande kommt. Deshalb bedeutet die nachfolgende schrittweise Vorgehensweise nicht eine strikt voneinander zeitlich abgegrenzte Reihenfolge.

Schritt 1: Denkmuster einführen

Zuerst muß jemand aus dem Unternehmen um das Konzept des Lernunternehmens wissen, sich damit beschäftigen, sich hineindenken und sich selber davon überzeugen. Er muß auch lernen, darüber gut zu sprechen und überzeugend zu argumentieren. Er muß sich dann über viele informelle Gespräche um Gleichgesinnte bemühen, möglichst solche, die selber wieder meinungsprägend sind.

Wenn die Grundidee einigermaßen bekannt ist und darüber gesprochen wird, beginnt die Phase der Einführung neuer Denkmuster. Dafür gibt es die bekannten Hilfen durch Seminare, Vorträge, Kolloquien, Literaturempfehlungen für persönliches Studium. Entscheidend ist, daß immer mehr Menschen im Unternehmen selber die Ideen aufgreifen, die neuen Begriffe verwenden und die Unternehmensprozesse anhand dieser

Denkmuster reflektieren. Bei den neuen Denkmustern, Begriffen und Sätzen handelt es sich vor allem um:

- Autopoiese: das Unternehmen sieht sich als ein System, das selbsterzeugend durch Kommunikation zustande kommt und Entscheidungen hervorbringt in einem sich steigernden Prozeß, selbstorganisierend und selbsterneuernd.
- Niemand ist im Besitz der Wahrheit: niemand kann aus sich heraus die richtige Entscheidung kennen, weder neurologisch, noch logisch, noch philosophisch haben wir einen Zugang zur Wirklichkeit. Daraus folgen die Angewiesenheit auf Kommunikation, Bescheidenheit und Kritikfähigkeit.
- Kontingenz: Da wir uns auf Fakten nicht mehr beziehen können, sondern die Welt, in der wir handeln, das Werk unserer Bedeutungszuschreibungen ist, eröffnet sich uns ein neuer Freiheits- und Gestaltungsspielraum, den es zu erfassen und mit der phantasievollen Suche nach immer wieder neuen Perspektiven und Lösungen zu füllen gilt.
- Falsifizieren statt verifizieren: Da wir nicht im Besitz der Wahrheit sind, können wir auch nicht beweisen, daß eine Lösung richtig ist, müssen aber bereit sein, sie intensiven Widerlegungsversuchen auszusetzen. Wenn sie diesen standhält, ist sie vorläufig brauchbar.
- Anderen geeignete Umwelt sein: In komplexen Systemen mit hoher gegenseitiger Angewiesenheit reicht es nicht mehr aus, die eigenen bereichsbezogenen Ziele zu verwirklichen, sondern bei der Verfolgung eigener Ziele auch die Ziele der anderen zu berücksichtigen. Denn sonst werden die Subsysteme immer besser und das Ganze immer schwächer, immer schwerer zu steuern.

Es kommt darauf an, diese Gedanken und Begriffe immer wieder auf konkrete Situationen im Alltag der Zusammenarbeit zur Sprache zu bringen und Praxis mit ihrer Hilfe kritisch zu reflektieren.

Schritt 2: Interaktionen verändern

Die Unternehmensprozesse, Analysen, Diskussionen, Entscheidungen bestehen aus Kommunikationen. Sie konstituieren das Unternehmen; und da die Welt, in der wir handeln, eine sprachliche Wirklichkeit ist, wird erkennbar, wie wichtig es ist, gut zu kommunizieren, mit Hilfe der Sprache fähig zu sein, immer wieder Interessengegensätze zu überwinden, neue Lösungen zu finden, Einigung herbeizuführen.

Ein die Organisation konstituierendes Element sind die lateralen Vernetzungen, die aus Teamarbeit bestehen. Von ihrer Qualität hängt die Effizienz des Unternehmens ab. Sie gilt es ständig zu verbessern.

Ungelöste Spannungen und Konflikte kosten viel Energie und blockieren offene Diskussionen. Sie immer wieder überwinden zu können, ohne sie zu unterdrücken, befreit zu neuen Leistungen. Hier bietet sich an, die Problemlösungsmethode des kritischen Rationalismus einzuführen.

Kommunikation führt über Argumentation zur Entscheidung. Argumentationen bilden den eigentlichen Lernprozeß, der zur sachlich brauchbaren Lösung führt. Die Methode der acht Schritte bringt alles in einen strukturierten und umsetzungsorientierten Zusammenhang.

Schritt 3: Die Organisation anpassen

Die hierarchische Organisation ist durch die verschiedenen Formen lateraler Institutionen auszubauen, wie zum Beispiel Task forces, Projektgruppen, Abteilungsbesprechungen und zwischen ihnen eine duale Entscheidungsstruktur. Dies bedeutet, daß zwischen Hierarchie und lateralen Institutionen ein kreatives Konfliktverhältnis bestehen soll, zur Suche nach originelleren Lösungen anregend.

Schließlich ist zu überprüfen, in welcher Form sich das Unternehmen in autonome Einheiten differenzieren läßt, wie zum Beispiel Profit-Center, Business Center, Geschäftsbereiche. Gleichzeitig sind diese autonomen Einheiten wieder zu integrieren. Hier bietet sich das „Verfahren vielseitiger Abstimmungsprozesse" an, mit denen die für das Lernunternehmen unerläßliche Norm eingeübt wird, nämlich: „anderen geeignete Umwelt sein". Außerdem gilt es, integrative Institutionen zu schaffen, wie gemeinsame Besprechungen und Tagungen u. a. Die gemeinsame Erarbeitung einer Idee vom Ganzen als Orientierung, in dem die Interessen der autonomen Bereiche enthalten sind und das die Interessen des Ganzen vertritt, dient außerdem der Integration.

Bei allen organisatorischen Maßnahmen ist zu berücksichtigen, daß es keine idealtypische Lernorganisation gibt, vielmehr die bisherige Organisation durch die erwähnten Elemente weiterzuentwickeln ist, zumal wir vom kritischen Rationalismus wissen, daß es um Stückwerksreform geht und nicht um „ganzheitliche" Lösungen, die sich irgendwann als falsch erweisen.

Schritt 4: Veranstaltungen planen

Der Weg zum Lernunternehmen führt über Markierungen oder Etappen, die Lernprozesse verstärken sollen. Dies geschieht durch:

- Veranstaltungen wie die Zukunftssuchkonferenz, das Action-oriented Strategic-Management oder das Benchmarking, als Chance von anderen zu lernen. Sie dienen der Erarbeitung eines gemeinsamen Bildes der Außenwelt, dessen Ausmaß an Gemeinsamkeit Gewähr für erfolgreiches Handeln auf dem Markt, zum Kunden hin, bedeutet;
- die Prozesse, die der Selbsterneuerung dienen, wie Lernstrat-Workshops oder die Einübung der Methode der acht Schritte;
- die Einführung von TQM als ein das ganze Unternehmen erfassender Prozeß;
- Reflexionstagungen, die dazu dienen, auf das Ganze einen selbstkritischen Blick zu werfen als wesentliche Quelle der Erneuerung.

Schritt 5: Führungs- und Nachwuchskräfte entwickeln

Die Lernfähigkeit eines Unternehmens als Ganzes beruht auf der Lernfähigkeit seiner einzelnen Mitglieder. Deshalb ist es von fundamentaler Bedeutung, möglichst viele Schlüsselpositionen mit ausgeprägt lernfähigen Menschen zu besetzen.

Zunächst gilt es darauf zu achten, daß ausgeprägt narzisstische Menschen Führungsaufgaben nicht übernehmen, und wäre ihre fachliche Qualifikation noch so ausgeprägt. Die Schäden, die sie in menschlicher Hinsicht anrichten, und die Störungen, die sie bei der Gestaltung von Prozessen verursachen, sind enorm, wie die Erfahrung zeigt. Zu erkennen sind sie an ihrem Geltungsstreben und an ihrer Unfähigkeit, Kritik anzunehmen. Menschen mit einer substantiellen Persönlichkeitsstruktur sind von eingeschränkter Lernbereitschaft, aber fähig, sich weiterzuentwickeln und eine Arbeit an sich zu leisten, um jene Veraltensmuster zu erwerben, die benötigt werden:

- eine gewisse Selbstlosigkeit, die dazu befähigt, Gruppenleistung zu fördern und ihr den Vorrang zu geben;
- autonom und mutig seine Meinung zu vertreten, aber auch bereit sein, einzusehen und zuzustimmen; beides ist gefragt: sich streiten und sich einigen zu können, Autonomie und Versöhnungsbereitschaft;
- fähig zu sein, mit Pluralität umzugehen. Unterschiedliche Sichtweisen, Argumentationen und Interessen, die zu spannungsgeladenen Situationen führen, aushalten zu können und über kleine Schritte dennoch gemeinsame Entscheidungen zu ermöglichen;
- den nahezu grenzenlosen geistigen Spielraum, den uns Biologie und Philosophie eröffnen, auf phantasievolle Weise, mit originellen Lösungen zu nutzen, die wir angesichts der drängenden Probleme benötigen;
- auf geduldige und beharrliche Weise an der Erneuerung in kleinen Schritten arbeiten zu können; ein „Stückwerksingenieur".

Entscheidend ist, daß möglichst viele im Unternehmen bereit sind zu jener Arbeit an sich, die persönliches Lernen bedeutet. Diese Arbeit an sich charakterisiert Menschen mit ethischer Persönlichkeitsstruktur. Sie gehen von sich weg und auf das andere zu, um aus dieser Begegnung mit dem Neuen durch kritische Selbstreflexion sich selber zu verändern und weiter zu lernen.

Die Philosophie der Lebenskunst bietet Praktiken an, die diesen Prozeß der ständigen Selbsterneuerung konkretisieren:

- die Askese,
- das Leben aus der Wahrheit,
- eine Wahl treffen,
- das Leben schreiben,
- der Traum,
- die Lehre von der ewigen Wiederkehr,
- die Freundschaft,
- das Schweigen,
- das Lachen,
- der Tod.

Aus der Erfahrung abendländischer Spiritualität stehen uns noch weitere Übungen zur Verfügung, die den persönlichen Lernprozeß unterstützen und zur persönlichen Reifung anregen.

Es ist Aufgabe der Weiterbildung, äußere Formen zu finden und inhaltliche Themen zu formulieren, um diese Lernvorgänge zu fördern. Dabei ist zu bedenken, daß Menschen autopoietische Systeme sind, nach außen geschlossen, nach innen autonom. Dies bedeutet, daß Weiterbildung sich darauf beschränkt, Angebote zu machen, Bedingungen zu schaffen, zum Weiterlernen anzuregen. Bei Wahrung der Autopoiese ist mehr nicht möglich. Denn Veränderung muß gewollt, aus Einsicht heraus angestrebt werden. Dazu allerdings kann Weiterbildung nicht phantasievoll genug sein, doch sollten sich ihre Angebote immer mit Anregung zu kritischer Selbstreflexion verbinden als Quelle der Selbsterneuerung.

Ein Ausblick: Die Welt als Wissensgesellschaft

Durch die Raumfahrt haben sich die Menschen in unserem Jahrhundert zum ersten Mal ein Bild ihres Planeten gemacht, als Ganzes und von außen betrachtet. Dieses Bild ist deshalb so eindrucksvoll, weil es die Erde als unsere gemeinsame Heimat in einem bedrohlichen und dunklen Umfeld zeigt. Viele sehen in diesem Bild das Symbol für den Beginn der Weltgesellschaft.

Die Weltgesellschaft kommt durch weltweite Interaktion zustande, dadurch, daß die Angelegenheiten aller Menschen immer mehr voneinander abhängen und Partner unter allen Menschen gewählt werden können, ohne daß Gesellschaftsgrenzen dies verhindern (Luhmann, 1986, 51 ff.). Was wir beobachten, ist das immense Anwachsen der Kenntnisse über Lebensweisen und Interaktionsbedingungen aller Menschen. Wissenschaftliches Wissen ist fast gleichzeitig universell verfügbar. Über das weltweite Kommunikationsnetz ist eine öffentliche Weltmeinung entstanden, zum Teil weltweite wirtschaftliche Verflechtungen, beruhend auf einer durchgehenden Verkehrszivilisation. Inzwischen kann jeder mit normalen Lernleistungen als Fremder unter Fremden auf der ganzen Welt eigenen Zielen nachgehen (Luhmann, 1986, 54).

Mit der allmählichen Entstehung eines einheitlichen Welthorizontes erkennen wir die existenzbedrohenden Probleme dieser Weltgesellschaft mit zunehmender Schärfe: das sich erwärmende Weltklima, das Bevölkerungswachstum mit den damit

Weltbild

verbundenen Ernährungsfragen und die sich häufenden regionalen kriegerischen Auseinandersetzungen, um nur einige Krisenfelder zu nennen.

Die Frage, wie diese Krisen bewältigt werden können, bedeutet, nach den Steuerungsmöglichkeiten der Weltgesellschaft zu fragen. Wie können die Probleme der Weltgesellschaft gelöst werden?

Bisher, in den regional begrenzten Gesellschaften, hat Macht als Steuerungsinstrument gedient. Letztlich wurden Konflikte, bei denen eine Einigung durch Interessenausgleich nicht zustande kam, mit Macht entschieden, und die Entscheidung wurde umgesetzt. Bei regionalen Kriegen, für unsere abendländische Kultur beleidigend und schmachvoll, wird inzwischen der Ruf nach einer machtvollen Intervention laut, um dem leidvollen Geschehen ein Ende zu setzen. Aber da ist niemand, der mit genügend Macht ausgestattet wäre, um den Streit wirkungsvoll zu beenden.

In unseren bisher kulturell begrenzten Gesellschaften haben Weltanschauungen, Ideologien oder politische Richtungen als Orientierung zur Bewältigung von Problemen gedient. Soziale Akzeptanz war vielfach mit der Beachtung des verbindlichen weltanschaulichen und normativen Systems verbunden. Entscheidungen und Handlungen wurden an ihm ausgerichtet, Zuwiderhandeln wurde als schuldhaftes Verhalten betrachtet. Die Weltgesellschaft verfügt nicht über eine verbindliche, als Orientierung dienende Leitidee, die so konkret wäre, daß sich Entscheiden und Handeln an ihr ausrichten ließen.

Hinzu kommt, daß wir in funktional differenzierten Gesellschaften leben. Segmentäre Gesellschaften bestehen aus gleichen Teilsystemen, insbesondere Familien, so bildeten zum

Beispiel die Clans in Schottland bis in dieses Jahrhundert hinein eine segmentäre Gesellschaft. Die funktional-differenzierte Gesellschaft besteht aus verschiedenartigen, nach ihren Funktionen spezialisierten Teilsystemen. Die Umstrukturierung menschlicher Gesellschaften von segmentärer auf funktionale Differenzierung war mit einer ungeheuren Leistungssteigerung verbunden, die ungebrochen ist bis in unsere Tage. Das Problem funktional-differenzierter Gesellschaften ist, daß die Subsysteme, die Teilbereiche, immer besser und stärker werden und das Ganze immer schwächer und immer schwerer zu steuern wird.

Die Weltgesellschaft besitzt im Gegensatz zu den bisherigen Lebenswelten der Menschen weder ein Zentrum, das mit genügend Macht ausgestattet wäre, um die Probleme zu bewältigen, noch über eine gemeinsame geistige Orientierung, welche als Handlungssteuerung dienen könnte, und sie besteht aus funktionalen Differenzierungen, die eine weitere Schwächung des Ganzen bedeuten. Das existenzbedrohende Ausmaß der Probleme der Weltgesellschaft ist andererseits so massiv, daß es nicht länger möglich ist, davor die Augen zu verschließen. Es sind nicht nur Propheten des Niedergangs, die sorgenvoll die Frage nach der Reformierbarkeit unserer Gesellschaft stellen.

Lösungen gibt es meist nur für Probleme, die die Menschen kennen. Die Weltgesellschaft ist ein neues Phänomen, ihre Probleme sind es ebenfalls. Sie sind als Herausforderung des menschlichen Geistes zu sehen und nicht mit der Bedeutung des Niederganges zu versehen.

Luhmann beobachtet, daß von der Struktur des Systems der Weltgesellschaft eine Präferenz für lernbereite Erwartungen ausgeht. Er unterscheidet lernbereites Erwarten von normativem Erwarten, das eben nicht lernfähig sei, weil nur auf Änderung seines Objektes ausgerichtet. Dieses lernbereite Erwarten scheint „im Bereich weltweiter Interaktionen, also im Bereich dessen, was sich als Weltgesellschaft konstitutiert hat", zu dominieren (Luhmann, 1986, 57).

Wir können also feststellen, daß bisherige Steuerungsinstrumente wie Macht, Weltanschauung und Ideologie für die Weltgesellschaft nicht mehr zur Verfügung stehen, daß sich aber gleichzeitig eine neue Leitidee abzeichnet, nämlich Wissen und Lernen.

Dafür bestehen in den elektronischen Informationssystemen, die zu elektronischen Datenschnellstraßen ausgebaut werden, die materiellen Voraussetzungen, vergleichbar dem neuronalen System für menschliches Bewußtsein. Dies führt zu einer ungeahnten Beschleunigung des Wissensaustausches, der Wissensverdichtung und Wissensentstehung. Informatiker behaupten, daß sich unser Wissen inzwischen alle vier Jahre verdoppelt. Es gibt Agenturen, die ausschließlich damit beschäftigt sind, wissenschaftliche Kongresse zu organisieren, die weltweit und über das ganze Jahr hindurch stattfinden. Kaum werden noch politische Entscheidungen gefällt, die nicht mit Hilfe wissenschaftlicher Gutachten vorbereitet worden sind.

Somit können wir die These aufstellen, daß wir in einer Weltgesellschaft leben, die eine Wissens- oder Lerngesellschaft sein wird. Unternehmen müssen, wenn sie sich behaupten wollen, zu ihrem Umfeld in einem Differenz-Verhältnis stehen, das heißt, sie müssen sich unterscheiden und gleichzeitig den Erwartungen entsprechen.

Wenn das Umfeld für Unternehmen die Weltgesellschaft ist, dann müssen sie ihren Bestand zunehmend dadurch sichern, daß sie sich auf dem Weltmarkt bewähren. Es ist schon heutzutage zu beobachten, wie es viele kleine Unternehmen nur noch deswegen gibt, weil sie Kunden auf der ganzen Welt bedienen und auf dem Weltmarkt angesehen sind. Die Weltgesellschaft wird eine Wissens- und Lerngesellschaft sein. Innovationen beschleunigen sich, Produkte und ihre Herstellung werden immer intelligenter, Qualität und Dienstleistung werden zu einem immer anspruchsvolleren Unterscheidungsmerkmal. Das Umfeld als Lerngesellschaft bedeutet für Unternehmen, daß sie ihr internes Zusammenwirken zunehmend als Lernprozesse gestalten, um mit dem Lerngeschehen um sie herum mithalten zu können. Ein Unternehmen, dem es rechtzeitig gelingt, Lernen als Funktionsprinzip zu institutionalisieren, so daß Lernen zur internen Leitidee wird, für die Gestaltung der Zusammenarbeit, für die Entscheidungsprozesse, für Organisationsveränderungen, für Kundenbeziehungen, für die Beziehung zu Wettbewerb und Forschung, – ein solches Unternehmen wird vor anderen einen großen Vorteil haben.

Wie läßt sich dies erreichen? Wir haben ein solches Unternehmen ein lernendes Unternehmen genannt, das als autopoietisches System aus sich heraus, mit immer weniger internen Störungen, sich zu neuen Lösungen befähigt. Es gibt sich eine Organisation, die durch Hierarchie und Vernetzung, Differenzierung und Integration Lernprozesse institutionalisiert, und das belebt wird durch gemeinsame Denkmuster, wie die ruhelose und phantasievolle „Suche nach der besseren Lösung“. Es gibt sich für die praktische Zusammenarbeit Instrumente wie TQM, die Selbsterneuerungsprozesse in der gewöhnlichen Alltagsarbeit stattfinden lassen. Es gibt sich als Lernziel ein Menschenbild, das von einer lebenslangen „Arbeit an sich“ geprägt ist.

Vielleicht wird erkennbar, daß die Rede vom Lernunternehmen mehr ist als eine modische Managementempfehlung oder ein kurzlebiges Seminarthema. Es ist ein Gedanke, der über den Einzelnen hinausweist. Es ist die Antwort von Unternehmen auf ein neues Phänomen, nämlich der Weltgesellschaft, die im Begriff ist, sich eine neue Leitidee zu geben, nämlich Wissen und Lernen. Dies bedeutet, daß das, woran sich das Zusammenwirken der Menschen zunehmend orientieren kann, immer weniger Macht, Geld, Überlegenheit sein wird, sondern immer mehr Lernen, voneinander und miteinander Lernen.

„It's more, it's a way of life", sagte der amerikanische Gesprächspartner.

Literatur

BESSER-SIEGMUND, C. (1994): Erfolg ist reine Willenssache, Düsseldorf, Econ.

EDEN, C., HUXHAM, C.: Action-Oriented Strategic Management, in: Journal of the Operational Research Society, Vol. 39, Nr. 10, 1988, zitiert in: Sattelberger, Th. (Hrsg.) (1991): Die lernende Organisation, Wiesbaden, Gabler.

FOUCAULT, M. (1977): Überwachen und Strafen, Frankfurt a. M. Suhrkamp.

HEJL, P. M. (1991): Wie Gesellschaften Erfahrungen machen oder Was Gesellschaftstheorie zum Verständnis des Gedächtnisproblems beitragen kann, in: Schmidt, S. J. (Hrsg.): Gedächtnis, Frankfurt a. M., Suhrkamp.

HEUSER, U. J. (1995): Ein Monopol für Visionen, in: DIE ZEIT, Nr. 4.

JENSEN, S. (1994): Im Kerngehäuse, in: Rusch, G., Schmidt, J. S. (Hrsg.): Konstruktivismus und Sozialtheorie, Frankfurt a. M., Suhrkamp.

KAFKA, P. (1994): Gegen den Untergang, Wien, Hanser.

KIM, D. H.: Sloan Management Review/Fall 1993.

KOPP, J. V. (1986): Entstehung und Zukunft des Menschen, Luzern, Rex-Verlag.

LANG (1986): Die Sprache und das Unbewußte, Frankfurt a. M., Suhrkamp.

LENZ, U. (1994): Unveröffentlichtes Manuskript.

LUHMANN, N. (1986): Soziologische Aufklärung 2, Opladen, Westdeutscher Verlag. (1981): Soziologische Aufklärung 3, Opladen, Westdeutscher Verlag.

MAGEE, B. (1986): Karl Popper, Tübingen, Mohr.

MATURANA, H. R., VARELA, F. J. (1987): Der Baum der Erkenntnis, Bern, Scherz.

MILLER, M. (1986): Kollektive Lernprozesse, Frankfurt a. M.

MOLLENHAUER, M., RING, TH. (1990): Total Quality Management – das organisierte Bewußtsein, in: Little A. D. (Hrsg.): Management der Hochleistungsorganisation, Gabler.

MÜNCH, R. (1992): Die Dialektik der globalen Kommunikation, in: Reimann, H. (Hrsg.), Transkulturelle Kommunikation und Weltgesellschaft, Opladen, Westdeutscher Verlag.

POPPER, K. R. (1984): Auf der Suche nach der besseren Welt, München, Piper.

REIMANN, H. (Hrsg.) (1992): Transkulturelle Kommunikation und Weltgesellschaft, Opladen, Westdeutscher Verlag.

ROTH, G. (1992): Kognition: Die Entstehung von Bedeutung im Gehirn, in: Krohn, W., Küppers, G. (Hrsg.): Emergenz: Die Entstehung von Ordnung, Organisation und Bedeutung, Frankfurt a. M., Suhrkamp.

SATTELBERGER, TH. (Hrsg.) (1991): Die lernende Organisation, Wiesbaden, Gabler.

SCHMID, W. (1991): Auf der Suche nach einer neuen Lebens-Kunst, Frankfurt a. M., Suhrkamp.

SEGAL, L. (1988): Das 18. Kamel oder die Welt als Erfindung, München, Piper.

SIMON, H., TACKE, G. (1991): Lernen von Kunden und Konkurrenten, in: Sattelberger, Th. (Hrsg.): Die lernende Organisation, Wiesbaden, Gabler.

STEHR, N. (1994): Arbeit, Eigentum und Wissen, Frankfurt a. M., Suhrkamp.

WATZLAWICK, P. u. a. (1974): Menschliche Kommunikation, Bern, Verlag Hans Huber

WEISS, CHR. (1992): Basicon-Handbuch, unveröffentlichtes Manuskript.

WELSCH, W. (1987): Unsere postmoderne Moderne, Weinheim, Acta humaniora.

WILLKE, H. (1983): Entzauberung des Staates, Königstein/Ts., Athenäum.

Der Autor

Helmut Geiselhart, geboren 1938, studierte Philosophie und Theologie und promovierte in Psychologie und Psychoanalyse. Er arbeitete 15 Jahre an einem Kinderkrankenhaus in Paris. Seit 1975 führt er Seminare, Trainings und Beratungen für Industrieunternehmen durch, inzwischen in mehreren europäischen Ländern und in den Vereinigten Staaten.